TOUT BURGOS
et sa province

Texte : Carlos de Haro

Photographies : Julián Sáez de María, Mario Sarrià et
Archives Photographiques FISA-Escudo de Oro, S.A.

Mise en page/dejour « design » et reproduction entièrement conçus et réalisées
par les équipes techniques de EDITORIAL FISA ESCUDO DE ORO, S.A.

ESCUDO DE ORO

Vue de Burgos depuis le mirador du château.

INTRODUCTION

La province de Burgos se trouve au nord de la Communauté de Castilla - León. Elle est riche en paysages et en histoire. L'homme a laissé son empreinte dans ce paysage de 14 300 Km² jalonnés par d'orgueilleuses montagnes, des fleuves puissants, des vallées splendides et des plaines captivantes. Nous en trouvons le témoignage aux gisements préhistoriques d'Ojo Guareña ou Atapuerca. Les Cantabres, les Autrigones, les Turmodigues, les Arévaques et les Vaccéens résidèrent sur ces terres froides en hivers et aux étés courts mais chauds. Les Romains, les Goths et les Arabes vinrent ensuite. Ces derniers semèrent le territoire d'incertitudes provoquant la fuite de la population vers les montagnes du nord.

Après les premières victoires chrétiennes, les plaines et les vallées de la province commencèrent à récupérer des habitants. C'est alors que Alphonse III, roi de León, demande au comte Diego Rodríguez Porcelos de fonder, sur les rives de l'Arlanzón, un bourg fortifié afin d'essayer d'arrêter l'avance des Sarrasins. C'était en l'an 884 et Burgos venait de naître. La ville devint très vite un fief important de la jeune Castille. Fernán González, premier comte indépendant de Castille et le Cid Campeador portent des noms qui furent craints et respectés aussi bien par les Arabes que par les chrétiens. Ils contribuèrent de façon très positive à la grandeur de l'histoire de Burgos.

Le déplacement du siège épiscopal d'Oca à Burgos, en 1 075, marqua un point d'inflexion dans l'histoire de la ville et dans celle des villes environnantes car il entraîna, en quelques années, la construction de nombreuses églises, de monastères et d'hôpitaux. Le passage des pèlerins qui traversaient la province en suivant le Chemin de Santiago, fut aussi déterminant dans le développement et l'essor économique de cette région.

Chemin de Saint-Jacques : chapelle San Amaro, aux alentours de Burgos et pont de Malatos, au Parc de la Isla.

Palais de l'Audience ou de Justice, construit à la fin du XIXème siècle.

Quelques siècles plus tard, l'exportation de laine aux marchés européens les plus importants fut la principale ressource de Burgos. A la fin du XVème siècle, les Rois Catholiques donnèrent à la ville le monopole de ce commerce qui fut ensuite régularisé par le Consulat de Burgos. L'Université des Marchands (de Mercaderes) fut créée parallèlement. Cette époque de splendeur se prolongea jusqu'à la seconde moitié du XVIème siècle. Au cours de cette période, de grands palais majestueux furent construits et on procéda au remaniement de nombreux édifices et de rues entières. Avant la fin du siècle, les premiers symptômes de décadences commencent cependant à appa-

Palais de la Députation : peinture allégorique du Cid Campeador, œuvre de Vela Zanetti.
Photo cédée par la Diputación Provincial de Burgos. Herraiz fotógrafos.

raître. La perte de pouvoir politique et économique au profit de Madrid et deux épidémies de peste en 1 565 et 1 599 conduisirent Burgos et sa province à un déclin progressif qui devint plus évident au XVIIème siècle. Après quelques initiatives infructueuses réalisées au XVIIIème siècle telle l'essai de restauration du Consulat afin de poursuivre le commerce de la laine, c'est le XIXème siècle qui portera des changements qui supposeront sa récupération. Parlons tout d'abord de la constitution des provinces, en 1 834 et la création de la Députation Provinciale qui s'installa dans la ville. Nous assistons aussi à l'instauration de l'Audience Territoriale, du Quartier Général et de l'Archevêché. Un profond remaniement urbain se dessine derrière ce réordonnancement administratif. Plusieurs édifices publics furent construits ainsi que le Paseo del Espolón, le Parc de la Isla ou le quartier Santa Clara. L'amélioration des communications dans toute la province et la consolidation d'un tissu industriel naissant marquèrent les premières décennies du XXème siècle. Les bases du

Palais de l'Archevêché, construction de 1 916.

Le Paseo del Espolón, l'allée la plus emblématique de la ville. Elle va de la Plaza del Mío Cid à l'Arc de Santa María, au fond de l'image.

Plaza de Castilla. « Vase » artistique, œuvre de l'artiste local Fortunato Julián.

Le Parc de la Isla est un grand verger émaillé de vestiges monumentaux comme les Arcs de Castilfalé (image supérieure) et le portail roman (XIIème siècle) de l'église Nuestra Señora de la Llana de Cerezo de Rio Tirón (image inférieure).

Arc de Fernán González.

Burgos actuel étaient posées. Actuellement, la province a 362 000 habitants dont 166 000 habitent le chef-lieu.

Burgos est une ville qui regarde en avant, vers l'avenir mais qui ne renonce cependant pas à son passé culturel laissé par son histoire féconde. C'est pour cela qu'elle soigne la pierre de ses monuments, la protégeant des agressions qui ont lieu quelques fois au nom de l'urbanisme. C'est aussi une ville aux longues allées tranquilles, avec des zones tout spécialement pensées pour la promenade. Le large **Paseo del Espolón**, sur les rives de l'Arlanzón, est l'allée la plus fréquentée. En été, elle est bordée de terrasses qui invitent à la rencontre et au relax. Le **Parc de la Isla** qui commence à la Plaza de Castilla, est aussi un endroit tranquille. Nous pourrons y admirer une grande diversité d'arbres, un étang et quelques chef-d'œuvres comme les Arcs de Castilfalé ou le portail roman de l'église de Cerezo de Rio Tirón. Le **Jardin del Empecinado**, le **Paseo de la Quinta** ou le **Parc del Cerro del Castillo** nous rappellent le respect de la ville pour l'environnement.

Burgos se définit aussi par son respect pour les héros qui apparaissent dans son histoire. La rue **Fernán González** accueille le monument dédié à ce noble connu aussi sous le surnom du « Bon Comte » et qui occupe le terrain de sa maison natale. Il a la forme d'un arc et date de 1 586. A quelques mètres, nous trouverons le **monument funéraire de l'Empecinado**, le populaire maquis qui harcela, avec beaucoup d'astuce et peu de moyens, les troupes napoléoniennes durant la Guerre de l'Indépendance. Le **Solar del Cid** se trouve aux côtés de la porte San Martín. Il s'agit d'un monument très sobre qui date de 1 784 et se dresse sur le terrain qu'occupait la maison de Rodrigo Díaz de Vivar.

L'évocation du personnage du Cid ne s'arrête pas là. On peut voir, sur la **Plaza del Mío Cid** une majestueuse statue équestre du héros burgalais, taillée en 1 955. Le héros monte son inséparable Babieca. En face, des deux côtés du pont San Pablo, huit personnages ayant une relation avec le Cid nous attendent. Parmi eux, doña Jimena, son épouse et son fils Diego.

Mais Burgos c'est aussi le son des cloches de ses églises, l'écho des pas de milliers et de milliers de

Monument funéraire de l'Empecinado.

Solar del Cid.

Pont de San Pablo.

Cathédrale de Burgos. Porte du Sarmental.

Vue nocturne de la cathédrale. ▷

pèlerins qui traversent la province pour se rendre à Santiago de Compostelle, le murmure léger des eaux cristallines de l'Arlanzón et, surtout, les gens qui sont, en fin de compte, les véritables protagonistes de toutes les histoires que nous raconte une ville.

LA CATHEDRALE

La cathédrale de Burgos a été déclarée Patrimoine de l'Humanité, en 1 984, par l'UNESCO. C'est aussi le monument le plus emblématique de la ville, une authentique merveille de l'art gothique espagnol. L'harmonie de ses lignes, l'intense travail émouvant que cachent ses pierres, sa situation, sur cette pente douce d'un tertre qui part à la recherche de la rive de l'Arlanzón, donnent à l'église un aspect de puissante et singulière beauté. La construction commença en 1 221 sur l'initiative de l'évêque Maurice et du roi de Castille et León, Ferdinand III le Saint. Elle se dresse sur l'ancienne cathédrale romane qu'un autre monarque, Alphonse VI, avait fait construire à la fin du XIème siècle. Bien que la plupart des travaux se développèrent durant le XIIIème siècle et qu'elle fut consacrée en 1 260, il fallut attendre la seconde moitié du XVIIIème siècle pour la voir vraiment achevée.
On ne sait pas grand-chose des premiers maîtres d'œuvres qui dirigèrent le projet bien qu'il est très clair

Lanterne de la cathédrale. Photo : Enrique del Rivero.

Façade principale de la cathédrale. ▷

qu'ils venaient de France. C'est pour cela que l'on y retrouve quelques-uns des éléments typiques du gothique français. Un peu plus tard, au XVème siècle, des artistes d'origine germanique prirent le relais. C'est à eux, et plus particulièrement à Jean de Cologne, que l'on doit les aiguilles caractéristiques qui couronnent les tours de la façade principale. La tour-lanterne ou *cimborrio*, du même artiste, s'écroula en 1 539 et fut remplacée au milieu du XVIème siècle par la splendide construction que nous voyons aujourd'hui due à Juan de Vallejo.

L'entrée principale se trouve sur la belle Plaza de Santa María. C'est sous ce nom aussi que l'on connaît ce portail qui fut remanié au début de 1 663, année de transformation des deux portes latérales. Il fut aussi modifié en 1 790 lorsque les travaux concernèrent la porte centrale. Les latérales furent alors décorées de bas-reliefs du Couronnement et de la Conception de la Vierge alors que la porte centrale a un fronton gréco-romain escorté par des statues des rois Alphonse VI et Ferdinand III et les évêques Maurice et Asterio. Deux tours du XIIIème siècle qui appartiennent à la construction originelle encadrent l'entrée. Jean de Cologne les couronna avec ses célèbres pinacles ajourés de base octogonale. Ces tours, la tour-lanterne et le couronnement de la chapelle du Connétable sont un exemple de légèreté de ligne et du goût pour la pierre sculptée qui caractérisa le gothique flamboyant. Au-dessus du portail, une grande rosace avec une étoile à six pointes et, plus haut encore, la galerie des rois avec huit sculptures de divers monarques et princes castillans. Ces compositions, qui rendent

Rosace du Sarmental.

Porte de Coronería.

hommage à l'institution monarchique, étaient typiques des cathédrales françaises. Les auteurs s'inspirèrent, dans ce cas, à la cathédrale de Reims. L'ensemble est couronné par une niche avec une statuette de la Vierge et l'Enfant qui porte la devise « Pulcra es et decora » (tu es jolie et belle).

La magnifique porte gothique du Sarmental, sur la Plaza del Rey San Fernando, nous permet d'entrer dans l'église par l'une des extrémités du transept. Elle est dédiée au magistère du Christ comme on peut l'apprécier sur le tympan. Nous y verrons Jésus montrant le Livre des Lois et les évangélistes à leurs pupitres en train d'écrire. A l'autre extrémité du transept, la porte de Coronería, qui s'ouvre sur la Calle de Fernán González, est gothique elle aussi. Elle fut décorée de scènes représentant le Jugement Dernier. Dans cette zone du transept mais sur le latéral orienté vers le chevet de la cathédrale, on construisit la porte de la Pellejería, de style plateresque, au début du XVIème siècle. Elle est divisée en trois corps. Le corps central représente les martyres de saint Jean Baptiste et de saint Jean Evangéliste. Dans le corps supérieur, une statue de la Vierge devant laquelle prie l'évêque Juan Rodríguez de Fonseca, commanditaire de la porte.

A l'intérieur de la cathédrale en croix latine, richement décoré, nous avons trois larges nefs, le transept, le déambulatoire et treize chapelles. L'église mesure 106 mètres de long et le transept 59. Les énormes piliers sur lesquels repose la structure grandiose sont cylindriques avec de petites colonnes adossées. L'un des éléments les plus curieux de la décoration est le Papamoscas (Gobe-mouches), dans le haut de la nef de gauche. Lorsque l'horloge sonne les heures, ce personnage, dont l'origine pourrait facilement remonter au XVIème siècle, fait sonner la cloche et ouvre grand la bouche.

Suivant la coutume qui s'établit dans les églises espagnoles à partir du XVIème siècle, le chœur, qui se trouvait à l'origine au chevet de l'église, occupe maintenant la partie centrale de la nef principale. Les stalles, réalisées tout au long du siècle, laissent entrevoir la force d'expression du style renaissance. L'ensemble est présidé par la statue gisante de l'évêque Maurice, fondateur de la cathédrale. Cette statue fut réalisée en bois et recouverte de cuivre repoussé au milieu du XIIIème siècle. Deux orgues occupent les flancs des stalles. Un est baroque et l'autre néoclassique.

A la sortie du chœur, au centre même du transept, une plaque de marbre, très sobre, signale la sépultu-

Nef centrale.

Nef de gauche : le « Papamoscas ».

re de Rodrigo Díaz de Vivar, le Cid et de son épouse Doña Jimena.

Durant la seconde moitié du XVIème siècle, de nombreux artistes dirigés par les frères Rodrigo et Martín de la Haya participèrent à la composition du magnifique retable majeur grandiose. Il est de style renaissance et dédié à Sainte Marie la Majeure dont la statue préside l'ensemble. Il est fait de trois corps horizontaux, un quatrième corps en couronnement et six ruelles verticales décorées de statuettes de saints et des apôtres.

On vénère, dans la première chapelle de la nef de droite, le Christ de Burgos, belle statue du XIVème siècle, d'auteur anonyme, qui fut portée ici en 1 836 depuis le monastère San Agustín. Sa popularité a traversé les frontières non seulement de la province mais

Stalles du chœur.

Retable majeur.

Chapelle du Christ de Burgos.

Chapelle de la Présentation.

aussi de Castille. Il est aujourd'hui vénéré en Andalousie et dans plusieurs pays d'Amérique où il est connu sous le nom du Seigneur de Burgos.

Avant d'arriver au transept, nous passerons devant la chapelle de la Présentation, avec un impressionnant sépulcre du chanoine Gonzalo Díez de Lerma, sculpté au début du XVIème siècle en albâtre blanc ; la chapelle des Reliques qui abrite les statues gothiques de la Vierge de l'Oie et de la Vierge du Miracle ; et la chapelle San Juan de Sahagún avec son grand retable de style rococo.

Près de cette chapelle mais dans la nef du transept, la chapelle de la Visitation fut construite au milieu du XVème siècle par Jean de Cologne. Elle contient plusieurs sépulcres mais le plus intéressant artistiquement est celui de l'évêque Alonso de Cartagena qui occupe le centre de la salle. Face à la chapelle se dresse le portail du cloître, de la fin du XIIIème siècle. Le baptême de Jésus est représenté sur le tympan alors que sur les feuilles de bois de la porte furent sculptées, à la fin du XVème siècle, saint Pierre et saint Paul dans la partie inférieure et l'entrée de Jésus à Jérusalem et sa descente aux Limbes dans la partie supérieure.

Après avoir dépassé la chapelle San Enrique avec son magnifique Ecce Homo réalisé très probablement à la fin du XVème siècle, nous arrivons à l'anti-sacristie qui permet l'entrée à la sacristie et au cloître. La sacristie fut totalement remaniée entre 1 761 et 1 765 suivant le goût baroque de l'époque. Le cloître n'a pas subi de modifications importantes depuis sa construction au XIIIème siècle. Il conserve encore une

Chapelle de Lerma.

Chapelle San Juan de Sahagún.

atmosphère de recueillement et de spiritualité propre au style gothique contemporain. Il a deux étages. L'étage supérieur conserve de nombreux monuments funéraires, la plupart servant de sépulture à des chanoines. Nous y trouverons aussi le fronton et le retable de Mave (Palencia) dont l'origine remonte à la première moitié du XIIIème siècle.

Le Musée de la Cathédrale est installé dans les pièces qui donnent sur le cloître. C'est ainsi que la chapelle San Juan Batista, du XIVème siècle, abrite des objets d'orfèvrerie tels de calices, des croix processionnelles ou des reliquaires de saint Pierre, saint Paul et saint Jacques réalisés à la fin du XVème siècle. La chapelle de Santiago, reliée à l'antérieure depuis 1 534, accueille quant à elle la peinture et la tapisserie. Dans la chapelle Santa Catalina, qui fut salle capitulaire jusqu'en 1 596, il y a des sculptures, des vieux manuscrits (comme par exemple une Bible wisigothique du Xème siècle) dont le plus remarquable est la Lettre d'Arras du Cid. Cette chapelle date du début du XIVème siècle. Il faut bien observer sa magnifique voûte étoilée soutenue par huit arcs de colonnes fasciculées qui sortent de curieuses consoles avec des représentations naturistes. Son portail polychrome représente, sur le tympan, la Descente du Christ de la Croix. Le portail de la chapelle du Corpus Christi est aussi très intéressant avec, sur le tympan, un Christ Juge entouré par des représentations de la Vierge, saint Jean et quatre anges. Dans la chapelle il y a le Coffre du Cid qui est cité dans le fameux poème du Cantar et une belle statue processionnelle du Christ attaché à une colonne, sculptée au XVIème siècle par

Nef du transept.

Cloître de la cathédrale.

Chapelle Santa Catalina.

Déambulatoire.

Chapelle du Connétable: détail du retable majeur.

Diego de Siloé. Cette chapelle permet l'accès à la Salle Capitulaire qui contient les fascinants triptyques de l'Adoration des Rois Mages ou de la Vierge et l'Enfant. Les archives de la cathédrale occupent l'étage supérieur. On y conserve des exemplaires originaux du Xème siècle.
Dans le déambulatoire, cinq grands reliefs de pierre, d'une exécution remarquable, ferment la chapelle majeure. Ils furent réalisés entre la fin du XVème siècle et le début du XVIème par le français Philippe de Vigarny. Juste en face se trouve l'une des salles les plus admirées de la cathédrale, la chapelle du Connétable, une enceinte octogonale construite par Simon de Cologne à la fin du XVème siècle. C'est ici que sont enterrés Pedro Fernández de Velasco, le connétable et son épouse, Mencia de Mendoza. Leurs statues gisantes, situées devant le retable central et sous une magnifique voûte étoilée, furent minutieusement sculptées en 1 534, en marbre de Carrare, par l'un des nombreux artistes qui participèrent à la décoration de la chapelle, Philippe de Vigarny. Le retable majeur, dédié à la Purification de la Vierge, fut aussi réalisé par cet artiste et par Diego de Siloé. Les colonnes fasciculées et le travail délicat réalisé avec la pierre donnent à la chapelle une surprenante sensation de légèreté. Les autres éléments remarquables sont la grille de l'entrée, de 1 526, les sépulcres gothiques du XIVème siècle où gisent les évêques Pedro Rodríguez Quijada et Domingo Fernández Arroyuelo, les retables de sainte Anne et saint Pierre et les différents blasons de la famille du Connétable. La chapelle San Gregorio est aussi de style gothique

Chapelle de l'Annonciation.

Chapelle de la Natividad.

Nef du transept.

Chapelle de la Concepción et Chapelle Santa Tecla.

bien qu'elle date du milieu du XIIIème siècle. Les sépulcres des évêques Gonzalo de Hinojosa et Lope de Fontecha sont ses éléments les plus remarquables. A ses côtés, la chapelle de l'Annonciation conserve sa voûte gothique du XIIIème siècle et un retable maniériste réalisé en 1 540. La chapelle de la Nativité, la dernière du déambulatoire, date de la seconde moitié du XVIème siècle. Nous y verrons le retable central encadré par un grand arc qui s'appuie sur des colonnes et la lanterne de la coupole. Le sépulcre de l'humaniste Pedro Fernández de Villegas, premier traducteur de Dante à l'espagnol, se trouve entre cette chapelle et celle de San Nicolás. La chapelle San Nicolás quant à elle, est déjà dans le transept. On ne retrouve pratiquement plus de trace de son style romane tardif d'origine puisqu'elle date de 1 230.

Chapelle Santa Tecla : fonts baptismaux.

Eglise San Nicolás. Retable majeur.

Le transept est achevé par l'Escalera Dorada (L'Escalier Doré), construit entre 1 519 et 1 523 pour permettre l'entrée depuis la porte de la Coronería. Son auteur, Diego de Siloé, s'inspira des modèles de la renaissance italienne. La rampe, richement décorée et dorée, fut dessinée quelques années plus tard par le maître forgeron français Maître Hilaire.

Nous complèterons et achèverons notre parcours dans la cathédrale à la chapelle de la Conception et Sainte Anne. Son splendide retable majeur représente la généalogie de la Vierge. La Chapelle Santa Tecla fut construite au XVIIIème siècle suivant les canons du baroque comme on peut le voir dans son retable. Elle conserve des fonts baptismaux du XIIIème siècle.

EGLISE SAN NICOLÁS

Elle se trouve à gauche de la façade principale de la cathédrale. C'est une église gothique du début du XVème siècle construite grâce aux dons de Gonzalo López Polanco, un prospère marchand burgalais qui avait même une maison commerciale à Florence.

La façade sobre, avec un portique aux élégants arcs plein cintre présidé par la statue du saint titulaire, contraste avec la richesse de l'intérieur. L'église est divisée en trois petites nefs illuminées par deux rosaces et des baies humbles. Dans cette ambiance d'une sobriété émouvante nous nous trouvons devant le monumental retable majeur, réalisé aux ateliers de Simon de Cologne au début du XVIème siècle. Cette composition en forme de tapisserie rectangulaire est faite de pierre, chose rare à cette époque en Castille. Elle est distribuée en trois ruelles verticales. Les deux ruelles latérales abritent diverses scènes bibliques et des statues de saints et d'apôtres. Aux pieds des deux ruelles, les deux sépulcres gothiques dans lesquels sont enterrés Gonzalo López Polanco, mécène de l'église, son frère et leurs épouses respectives. La ruelle centrale quant à elle, plus large, est dominée par la sculpture de saint Nicolas réalisée par Francisco de Colonia. Au-dessus, un chœur d'anges entoure le cercle qui représente le Couronnement de la Vierge. L'arc renaissance de la sépulture de Fernando de Mena et de María Sáenz de Oña et un Christ sur la Croix du XVème siècle complètent la richesse de cette église.

Palais de Castilfalé.

Eglise San Esteban.

PALAIS DE MALUENDA OU DE CASTILFALÉ

Face à la porte de la Coronería de la cathédrale, sur un terrain qui avait accueilli la demeure de l'architecte Simon de Cologne, le noble burgalais Andrés de Maluenda fit construire, en 1 565, cet immeuble qui est aujourd'hui le siège des Archives Municipales. Résidence accidentelle de Napoléon et de Ferdinand VII, son dernier propriétaire fut le comte de Castilfalé qui le donna à la Mairie de la ville en 1 969.
Un jardin très simple est l'antichambre de cette construction de pierre et de brique, caractéristique dans le paysage urbain de Burgos. L'artistique portail renaissance couronné par le blason des Maluenda, décrit un arc plein cintre encadré par de fines colonnes. Malgré les remaniements successifs, le dernier en date en 1 985 à l'occasion de son adaptation aux Archives Municipales, le palais conserve des éléments originaux. Le plus représentatif est, sans aucun doute, l'escalier recouvert de caissons de bois.

EGLISE SAN ESTEBAN

Tout près de l'ancien château de Burgos, cette église gothique fut construite pour remplacer une construction romane antérieure entre la fin du XIIIème siècle et la première moitié du XIVème. C'est justement à cause de cette proximité qu'elle reçut à plusieurs reprises des impacts qui ne lui étaient pas destinés. C'est pour cela aussi qu'il fallut reconstruire, au XVème siècle, la rosace, la tour et les piliers.
Le portail de San Esteban conserve quelques similitudes avec celui de la Coronería de la cathédrale. Dans les deux cas, la scène de la « Déésis » ou du

Christ Juge devant lequel intercèdent la Vierge et saint Jean est représentée sur le tympan. Ici, le martyr de saint Etienne a été ajouté dans la zone inférieure. L'intérieur est divisé en trois nefs avec leurs absides respectives, séparées par de grands piliers avec de petites colonnes adossées. Le haut chœur, un des éléments les plus intéressants de l'église, fut réalisé par Simon de Cologne durant les premières années du XVIème siècle. La chaire renaissance date de la même époque ainsi que le cloître auquel on entre par une belle porte renaissance et les ensembles funéraires gothiques qui se trouvent dans les nefs latérales qui ne manquent pas de valeur artistique.
Depuis quelques années, l'église San Esteban accueille le **Musée du Retable** où l'on peut admirer de retables venus de divers endroits de la province. Ils datent surtout des XVIème et XVIIIème siècles. Dans le chœur nous pourrons admirer une très belle sélection d'objets d'orfèvrerie.

ARC SAN ESTEBAN

Durant le dernier tiers du XIIIème siècle, Alphonse X fit agrandir la muraille primitive qui encerclait le château afin de renforcer les défenses d'une ville en essor constant. La construction se prolongea jusqu'au XIVème siècle, date de l'Arc San Esteban. C'est certainement, parmi toutes celles qui existent encore, la porte la plus intéressante au point de vue architectural. Elle est de style mudéjar, avec un double arc en fer à cheval et deux robustes tours carrées reliées par une galerie avec six arcs plein cintre. L'Arc San Esteban fut construit en pierre de maçonnerie et en brique. Il offre une sensation de fermeté qui renforce son caractère de défense.

Arc San Esteban.

Vue de Burgos depuis le mirador du château.

LE CHATEAU

Les vestiges du château qui fut à l'origine de la ville, vers 884, occupent le sommet d'une colline qui domine le paysage. Le château joua un rôle très important à l'époque des guerres qui suivirent l'entrée des Arabes dans la péninsule. A la fin du XVème siècle, la ville connut l'un des événements historiques les plus controversés lorsque, dans le conflit pour la succession au trône de Castille, le gouverneur mit la forteresse au service de la cause de la Beltraneja alors que la ville de Burgos soutenait la future reine Isabelle la Catholique. Peu après, il devint un parc d'artillerie mais il eut aussi, au cours du temps, divers usages : prison, résidence accidentelle de hôtes illustres. En 1 736, il fut sérieusement endommagé par un incendie. Restauré par l'armée napoléonienne en 1 806, il fut dynamité par les mêmes troupes qui le firent sauter, cinq ans plus tard, avant de quitter Burgos.
Les travaux de récupération qui ont commencé en 1 992 ont permis de rendre au château une partie de son aspect originel. Nous pourrons y voir quelques fragments de la muraille, plusieurs donjons, quelques galeries et un puits auquel on descend à l'aide d'un escalier tortueux de plus de 300 marches. Les explorations archéologiques de la colline ont permis aussi de mettre à jour les vestiges d'une église romane et trois nécropoles appartenant à diverses cultures.
Le château de Burgos a un grand intérêt historique et il est situé dans un endroit privilégié. Aujourd'hui, son belvédère nous permet de jouir des mêmes paysages que contemplèrent ses habitants.

ARC SAN MARTÍN

La pierre et la brique furent les éléments utilisés pour cette porte de l'ancienne muraille par laquelle entraient les rois lorsqu'ils visitaient la ville et à travers laquelle sortaient les pèlerins du chemin de Saint-Jacques.

Arc San Martín.

Elle date du XIVème siècle et son style mudéjar se manifeste dans le bel arc en fer à cheval, caractéristique de l'époque. Le principal quartier juif de Burgos se trouvait juste derrière cette porte.
Tout près, au Paseo de los Cubos, on peut voir le morceau le mieux conservé de la **muraille** qui entourait la ville au XIIIème siècle. Son périmètre, décidé par le roi Alphonse X lui-même, alterne des pans crénelés avec des cubes à la face semi-circulaire.

EGLISE SANTA ÁGUEDA

La légende raconte, plus que l'histoire, que c'est dans cette église que le Cid Campeador fit jurer à Alphonse VI qu'il n'avait pas contribué à la mort de son frère, le roi Sanche II, assassiné devant les portes de Zamora en 1 072. Cet événement, connu sous le nom

Eglise Santa Águeda.

de Jurement de Santa Gadea, servit au monarque léonais pour pouvoir prendre possession du trône de Castille ce qui troubla définitivement les relations entre les deux personnages. Malgré tout, Alphonse VI donna au Cid la main de sa cousine, doña Jimena, en 1 074. Ils eurent trois enfants : deux filles, Christine et Marie, immortalisées dans la chanson de geste, le Cantar del Mío Cid sous les noms de doña Elvira et doña Sol et un garçon qui reçut le nom de Diego.

Il ne reste, de cette église gothique qui aurait donc été témoin de cet événement historique, que les piliers qui soutiennent sa nef unique car l'église actuelle date du XVème siècle et son chevet du XVIème. Sa porte d'entrée, très sobre, nous permet de pénétrer dans un intérieur encore plus sobre. Sous ses voûtes prononcées nous trouverons plusieurs sépulcres renaissance comme celui de Diego Morisco et María de Toro. Le beau sépulcre d'Alonso Delgadillo date du XVIème siècle et on peut y voir le buste de saint Pierre et celui de saint Paul. La chapelle des Escalada-Mendoza, construite au XVIème siècle en style renaissance est aussi très intéressante.

ARC DE SANTA MARÍA

Quelques-unes de portes de la vieille muraille médiévale furent remaniées au cours du XVIème siècle, partiellement ou totalement. Parmi celles qui furent soumises à un travail plus profond, citons l'Arc de Santa

Perspective de l'Arc Santa María avec les tours de la cathédrale au fond.

Plaza del Mío Cid : Théâtre Principal et statue équestre du Cid.

María, la plus belle, la plus connue, la plus originale de toutes. Juan Vallejo et Francisco de Colonia reçurent la commande de son remaniement et furent chargés de construire un arc de triomphe en honneur de l'empereur Charles Quint. Le singulier monument, achevé en 1 553, est encadré par deux grands cubes couronnés par quatre petites tours. Dans la partie centrale, une série de niches abrite les statues de plusieurs personnages illustres de l'histoire castillane. Dans le corps inférieur on pourra donc voir la statue du comte Diego Porcelos accompagné par les juges Laín Calvo et Nuño Rasura. Dans le corps supérieur, Charles Quint aux côtés du Cid et du comte Fernán González. Plus haut, l'Ange Gardien de la ville et deux massiers municipaux. Sainte Marie, patronne de la ville, couronne l'ensemble.
L'intérieur de l'arc, qui fut siège du Conseil de la ville jusqu'en 1 791, réunit quelques-uns des éléments les plus représentatifs de l'histoire de la ville. La salle centrale est présidée par une grande peinture murale, œuvre du peintre burgalais Vela Zanetti. Elle est dédiée au comte Fernán González et nous parle de la naissance de la Castille. La salle de Poridad ou du Secret, avec de magnifiques caissons mudéjar du XIVème siècle, renferme des objets ayant une relation avec le Cid. Nous y verrons une reproduction de sa fameuse épée Tizona et une édition fac-simile du Poème du Mío Cid. Le **Musée de la Pharmacie** expose quant à lui des objets faisant allusion à cette science au cours des XVIIème, XVIIIème et XIXème siècles.

THEATRE PRINCIPAL

Après de nombreuses hésitations sur le terrain à choisir, c'est en 1 843 que commencèrent les travaux de construction du nouveau théâtre municipal qui venait remplacer l'ancien qui se trouvait à la Calle de la Puebla. L'instance vie culturelle de Burgos l'avait rendu insuffisant. Les travaux furent dirigés par l'architecte Francisco Angoitia et ne furent pas toujours très faciles.

Les années de retard s'accumulèrent à cause du manque de financement. Le nouveau Théâtre Principal fut finalement inauguré en 1 858 et il embellit l'important Paseo del Espolón.
La construction est un bel exemplaire de la ligne académiste qui dominait alors en Espagne, l'Espagne d'Isabelle II, style connu sous le nom d' « isabélin ». Tout le corps inférieur, avec ses arcs caractéristiques, fut réalisé en pierres de taille alors que les étages supérieurs le furent avec des matériaux de qualité inférieure afin de respecter le devis. En 1 884 on ajouta une rotonde à la façade qui donne sur le Paseo del Espolón. C'est dans cette rotonde que l'une des sociétés culturelles installées au théâtre donnait des concerts. Après plusieurs décennies d'abandon et donc de délabrement, le théâtre fut finalement réhabilité et ouvrit ses portes le 7 juillet 1 997.

MAISON DU CORDON

C'est certainement l'édifice les plus significatif de l'architecture civile de Burgos. Il doit son nom au cordon franciscain qui encadre son portail principal. Il fut construit au XVème siècle par Simon de Cologne à la demande des Connétables de Castille, Pedro Fernández de Velasco et Mencía de Mendoza. Ils lui commandèrent aussi leur chapelle mortuaire à la cathédrale. Au cours des ans on y ajouta de nouveaux éléments tels les balcons néogothiques de la façade, réalisés au début du XXème siècle par Vicente Lampérez. Il subit aussi de profonds remaniements comme celui réalisé récemment à l'intérieur. Il abrite actuellement la Caja de Burgos (Caisse d'Epargne) qui a installé une salle d'expositions temporelles.
Deux belles tours couronnées par des crêtes de pier-

Maison du Cordón.

Maison du Cordón : entrée principale et détail de la crête de pierre.

Cour de la Maison du Cordón.
Photo cédée par Caja de Burgos.

re artistiques encadrent l'élégante façade principale sur laquelle s'ouvre le portail. Sur le portail, les blasons des Connétables. Les légendes latines « Un bon mourir honore toute une vie » encadre le blason de Pedro Fernández de Velasco et « Tout s'estompe sauf l'amour de Dieu » celui de son épouse. Le cordon franciscain forme un sobre tympan magnifique. A l'intérieur, nous signalerons la cour magnifique et l'escalier non moins intéressant.
Mais outre sa valeur artistique, la Maison du Cordon a aussi des racines historiques. C'est ici, comme le rappelle l'inscription du portail, que les Rois Catholiques reçurent, en 1 497, Christophe Colomb à son retour de son second voyage en Amérique. Au cours de cette même année, elle fut témoin du Mariage entre le prince Jean avec Margueritte d'Autriche. Peu après, en 1 506, elle vit mourir Philippe le Beau et en 1 515 elle abrita la réunion des Cortes qui accordèrent l'union de Navarre et de Castille. Les autres événements importants qui se déroulèrent dans cette maison nous parlent de Mariages royaux comme celui entre Philippe IV et Isabelle de Bourbon et de séjours des monarques de la dynastie de la Maison d'Autriche.
La Maison du Cordon se trouve sur l'ancienne Plaza del Mercado Mayor, aujourd'hui **Plaza de la Libertad**. Cet espace public était, autrefois, l'un des centres névralgiques de Burgos. Il faut ajouter à l'activité économique frénétique propre à sa fonction, son utilisation comme arène ou comme but de processions religieuses.

PLAZA DE SAN JUAN

C'est un espace étroitement relié au Chemin de Saint-Jacques. Sur l'un de ses côtés, la **Porte de San Juan** permettait l'entrée dans la ville des pèlerins et des marchands. De l'autre côté, l'actuel **Musée Marceliano Santa María** et le **Centre Culturel** furent, autrefois, le monastère San Juan, institution fondée par Alphonse VI afin de pouvoir recevoir les fidèles qui se rendaient à Saint-Jacques-de-Compostelle. A l'intérieur nous

Plaza San Juan : Musée Marceliano Santa María, l'ancien Hôpital San Juan (à droite de l'image) et statue du comte Diego Rodríguez Porcelos, le fondateur de la ville.

Eglise San Lesmes.

pourrons admirer l'œuvre dédiée à Castille par ce grand peintre burgalais (1 866-1 953). L'ancien Hôpital San Juan, duquel il ne reste que le portail, est aujourd'hui la **Maison de la Culture**. Il y a aussi l'**église San Lesmes**.

Cette belle église gothique fut construite au XVème siècle en honneur de saint Lesmes, nom sous lequel la ville connaissait Adelelme, un moine bénédictin français qui consacra sa vie aux malheureux. Il mourut en 1 097. Sa bonté et le fait que l'on croyait qu'il faisait des curations miraculeuses lui valurent l'amour du peuple qui en fit le patron de la ville. Le 30 janvier, jour de sa fête, les dévots recouvrent son sépulcre de petits pains afin que le saint les bénisse.

L'église a trois nefs avec des éléments de l'art renaissance. Remarquons le retable majeur, baroque, la chaire, du XVème siècle, les sépulcres gothiques du mur méridional, l'ensemble funéraire de la chapelle des Salamanca et la tombe de Saint Lesmes avec une statue du saint d'un réalisme très accusé.

EGLISE SAN GIL

Rien ne pourrait nous faire croire, en regardant l'extérieur de cette église, que nous nous trouvons devant l'une des plus belles constructions gothiques de Castille. Un facteur déterminant est la présence dans la liste d'artistes qui participèrent à sa construction qui se compléta entre le XIV et le XVIème siècle, des grands maîtres burgalais. Quelques-uns d'entre eux participèrent aussi à la construction de la cathédrale.

L'église est adossée à la muraille médiévale ce qui justifie l'absence de décoration extérieure. Mais dès

Eglise San Gil.

que l'on pénètre dans l'église on devine très vite une grandeur sereine qui va de la majesté de ses trois nefs soutenues par des colonnes qui ressemblent à celles de la cathédrale aux beaux sépulcres, excellents exemplaires des styles gothiques et renaissance appliqués à l'art funéraire. Les chapelles demandent un chapitre à part. Celle de la nativité, du XVIème siècle, est présidée par un retable renaissance et les sépulcres plateresques de ses fondateurs, Juan de Castro et Inés de Lerma. L'originale voûte étoilée avec des jours dans le cercle central est remarquable. La chapelle de la Buena Mañana (Bon Matin) qui doit son nom au fait que le prêtre y disait la messe très tôt le matin, possède un magnifique retable gothique du XVème siècle attribué à Gil de Siloé. La légende dit que Sainte Thérèse venait ici écouter la messe lorsqu'elle vint à Burgos fonder son dernier couvent de carmélitaines. La chapelle de la Croix est aussi très intéressante. Elle fut réalisée par Juan de Vallejo au cours de la seconde moitié du XVIème siècle.
L'**Arc de San Gil** se trouve devant l'église. C'est une autre des portes de la muraille médiévale qui fut remaniée au XVIème siècle.

LA PLAZA MAYOR

Les divers remaniements réalisés au cours de l'histoire, quelques-uns très arbitraires, ont donné à la Plaza Mayor de Burgos un aspect très particulier. A vol d'oiseau elle semble ovale mais il s'agit en réalité d'un hexagone délicieusement irrégulier. Les arcades ajoutent à son charme et ses édifices, spectateurs privilégiés d'une ville qui vit quotidiennement à ses pieds, s'alignent uniformément, conscients de leur rôle secondaire. L'ensemble est présidé depuis 1 784 par la statue de Charles III qui modela Alfonso Giraldo Bergaz à la demande de l'industriel Antonio Tomé.
L'**Hôtel de Ville** se trouve sur la Plaza Mayor. Il fut construit à la fin du XVIIIème siècle après de nombreuses hésitations sur son emplacement. On opta finalement de le construire sur les arcs de l'ancienne Porte des Carretas, près du Paseo del Espolón. L'architecte responsable du projet, González de Lara, réalisa un bâtiment néoclassique avec une prédomi-

Arc San Gil.

Plaza Mayor.

Escalier principal de l'Hôtel de ville où l'on peut voir le tableau du Cid partant à l'exil, œuvre de Marceliano Santa María.

Maison Miranda.

nance de lignes droites et de formes rectangulaires. A l'intérieur nous admirerons le somptueux Salon de Sessions, décoré de peintures de Marceliano Santa María et le tableau du même auteur représentant le Cid partant vers l'exil.
La Plaza Mayor fut, autrefois, la Plaza del Mercado Menor. Elle conserve, de son ancien caractère commercial, la statue du dieu Mercure qui apparaît sur la façade d'un des immeubles.

MUSEE DE BURGOS

Il occupe trois maisons nobles du XVIème siècle de la Calle Calera, sur l'autre rive. La Maison Miranda abrite les sections dédiées à la Préhistoire et l'Archéologie. Il s'agit d'un beau palais renaissance construit

Musée de Burgos : ensemble de fragments de plusieurs crânes trouvés à Atapuerca, ensemble de haches provenant d'Ojo Guareña et torses de Clunia, la ville romaine.

Musée de Burgos : fronton de Santa Domingo de Silos.

Musée de Burgos : sépulcre de Don Juan de Padilla.

Couvent Santa Clara.

par Juan de Vallejo pour le chanoine Francisco de Miranda. Son portail artistique, flanqué par de doubles colonnes classiques et couronné par les blasons de la famille du titulaire de l'immeuble, cède le pas à des salles intérieures distribuées autour d'une cour centrale de deux étages. C'est dans ces salles que sont exposées des œuvres de grande valeur archéologique provenant des gisements d'Atapuerca, d'Ojo Guareña et de Clunia.

La Maison d'Iñigo de Angulo fut aussi construite par Juan de Vallejo. Elle abrite la section des Beaux-arts du musée. Malgré son nom, ce fut l'ambassadeur Lope Hurtado de Mendoza qui la fit construire en 1 547. Elle passa ensuite aux mains des Iñigo de Angulo. Au niveau architectural elle montre une évolution de l'art renaissance vers une simplicité ornementale. Quant au contenu, signalons le fronton émaillé du sépulcre de Santo Domingo de Silos, du XIIème siècle, le sépulcre de Don Juan de Padilla réalisé par Gil de Siloé et le tableau de Berruguete « Messe de Saint Grégoire ».

La troisième maison, en processus de réhabilitation comme musée, est la Maison Melgosa qui abritera les Arts Décoratifs et l'Art Moderne.

COUVENT DE SANTA CLARA

Nous devons ajouter à son mérite artistique le fait qu'il s'agit du couvent féminin le plus ancien de Burgos. Sa communauté franciscaine s'y établit au XIIIème siècle après avoir obtenu la bulle papale en 1 232. L'aspect extérieur de l'église, gothique, est très sobre alors que l'intérieur offre une plus grande richesse ornementale tout en ne s'éloignant pas de cette ligne de sobriété. Remarquons tout particulièrement les retables, réalisés au XVIIIème siècle. Signalons celui de la chapelle majeure, avec les statues de Sainte

Claire et de Saint François. L'artistique voûte en croisé d'ogive de la sacristie représente Jésus-Christ couronnant la Vierge.

AUTRES EGLISES DU CENTRE HISTORIQUE

L'**église San Lorenzo** se trouve près de la Plaza Mayor. Elle fut construite au XVIIème siècle comme on peut le voir par sa façade monumentale qui suit les normes du style baroque. L'intérieur, en croix grecque, dessine un octogone avec les chapelles disposées sur les murs. Des piliers massifs soutiennent une coupole majestueuse avec lanterne par laquelle entre la lumière du ciel de Burgos. Son retable majeur est une autre démonstration de la magnificence du baroque. Il fut réalisé par le maître José Valdán durant le premier tiers du XVIIIème siècle.
L'**église de la Merced**, près de la rive de l'Arlanzón, fut construite à la fin du XVème siècle. Elle appartenait à un couvent de mercédaires. C'est la paroisse actuelle des jésuites et c'est un exemplaire clair du gothique tardif. A l'intérieur, trois nefs avec les sépulcres de Francisco de Castillo et de Leonor Pesquera, le couple qui finança la construction de l'église.
Près de l'antérieure, l'**église San Cosme y San Damián** fut construite entre le XVème et le XVIème siècle. Juan de Vallejo intervint pour la construction de la façade. Le retable majeur, avec ses colonnes salomoniques caractéristiques, est une très belle représentation du baroque du XVIIème siècle. Signalons, comme curiosité, que quelques artistes burgalais de l'époque choisirent cette église pour leur éternel repos.
Un peu plus loin du centre, au quartier de San Pedro y San Felices, le **couvent Santa Dorotea** fut construit à la fin du XVème siècle. Le portail gothique de son église est sobre. Il fut réalisé par Simon de Cologne et porte les blasons des Rois Catholiques. A l'inté-

Eglise de la Merced.

Portail de l'église San Cosme y San Damián.

Monastère Royal des Huelgas : la place dite Compás de Adentro, avec des bâtiments des XVIème et XVIIème siècles. Reproduction autorisée par le Patrimoine National.

rieur, d'une seule nef, admirons le retable majeur et les sépulcres de Juan de Ortega, premier évêque d'Almería et de Alonso de Ortega, neveu de l'antérieur et grand chapelain de l'infant Juan, fils des Rois Catholiques. Les deux sépultures sont du début du XVIème siècle et sont de style de transition de l'art gothique à la renaissance.

MONASTERE ROYAL DES HUELGAS

Eloigné du centre de la ville et situé sur ce qui était jusqu'alors pour les monarques castillans un lieu de loisir et de « huelga », le Monastère Royal des Huelgas fut fondé par Alphonse VIII en 1 187 bien que la plupart de la construction eut lieu tout au long du XIIIème siècle. Il abrite une importante communauté influente de moniales et servit en outre de panthéon royal. Il fut aussi

Arc d'entrée à la place Compás de Afuera derrière lequel on aperçoit l'église du monastère. Reproduction autorisée par le Patrimoine National.

Nef septentrionale ou de Santa Catalina, sépulcre de l'Infant don Fernando de la Cerda et retable.
Reproduction autorisée par le Patrimoine National.

Dans la Salle Capitulaire on peut admirer les peintures du XVème, XVIème et XVIIème siècles et le célèbre étendard des Navas de Tolosa.
Reproduction autorisée par le Patrimoine National.

Etendard des Navas de Tolosa.
Reproduction autorisée par le Patrimoine National.

Hôpital del Rey.

témoin des cérémonies d'adoubement des rois Ferdinand III, Alphonse XI, Henri II, Pierre I et Jean II.
Le patrimoine artistique du monastère est riche et varié, il est le reflet de l'importance du passé. Après avoir traversé un couloir de style gothique nous pénétrons dans une place qui a, sur le latéral droit, diverses dépendances du monastère. A gauche, à travers un arc, on aperçoit la silhouette de l'église avec sa tour de défense, massive et caractéristique. L'intérieur est divisé en trois longues nefs, un transept et cinq chapelles absidiales, une grande, la centrale et quatre plus petites sur les côtés. Le magnifique maître-autel, baroque, fut réalisé au milieu du XVIIème siècle. Il est présidé par la statue de la Vierge de l'Assomption, encadrée par de belles colonnes salomoniques et par les statues de saint Bernard et saint Benoît. Plusieurs reliefs avec des scènes de la vie de Jésus occupent le haut et, plus haut encore, les statues de saint Pierre et saint Paul.
A l'intérieur aussi nous admirerons la grande chaire giratoire renaissance portant une inscription de l'année 1 560 et les symboles correspondants à l'abbesse qui règle la vie du monastère à cette époque ; un chœur très simple, décoré de tapisseries françaises et les tableaux sur la Bataille des Navas de Tolosa, de la fin du XVIème siècle sur le mur qui sépare la zone des moniales du reste de l'église.
Le Panthéon Royal de la dynastie de Castille se trouve dans l'une des nefs, celle de Santa Catalina. Il y a la tombe de l'infant Fernando de la Cerda qui occupe une place d'honneur. Le double sarcophage de style gothique qui contient les restes d'Alphonse VIII et son épouse, Leonor d'Angleterre qui fut, dit-on, le véritable promoteur du monastère, a un intérêt historique et artistique. C'est justement dans la décoration du sépulcre que le roi fut immortalisé au moment où il remet aux moniales la bulle qui permet la fondation. C'est ici que gisent aussi l'infante Blanca de Portugal, dont la tombe présente des détails de l'art mudéjar, Henri I et son épouse Berenguela.
Le monastère possède deux cloîtres dits « Las Claustrillas » et San Fernando. Le premier est un ouvrage roman de la fin du XIIème siècle, avec toit de bois, des arcs doubleaux et des chapiteaux artistiques. Le second s'inscrit dans l'art gothique. Il fut construit au milieu du XIIIème siècle. Nous y verrons les arcs mudéjars décorés de détails de plâtre typiquement mauresques.
La chapelle de l'Assomption appartenait très probablement à l'ancien château royal de villégiature sur lequel fut construit le monastère. Les éléments mudéjar de décoration apparaissent à nouveau dans la chapelle Santiago. Le plafond de la Salle Capitulaire est formé par neuf voûtes en croisé d'ogive reposant sur quatre piliers. On peut y contempler des peintures des XVème, XVIème et XVIIème siècles, quelques-unes d'origine flamande ainsi que le célèbre étendard gagné par les chrétiens use arabes à la bataille des Navas de Tolosa, le 16 juillet 1 212. C'est la bataille la plus importante des presque huit siècles de Reconquête. L'étendard fut gagné au chef almohade Abü-Yasuf-Jacub, plus connu parmi les chrétiens sous le nom de Miramamolin par les troupes conduites par le roi castillan Alphonse VIII. La fête de Curpillos, la plus historique de toutes celles de Burgos, avec une grande participation populaire, se déroule le vendredi suivant le dimanche de la Fête Dieu. L'étendard qui participe aujourd'hui à la procession est une copie de l'originel. Les origines de la fête font penser que cette victoire transcendante changea définitivement le cours de la Reconquête.

Eglise Santa María la Real y Antigua.

Le Monastère Royal des Huelgas abrite, de surcroît, une des meilleures collections européennes de tissus médiévaux. Une grande partie de ses fonds est formée par les tissus avec lesquels les monarques qui reposent au panthéon furent enterrés.

HOPITAL DU ROI

Près du Monastère des Huelgas, de l'autre côté du parc du Parral, l'ancien hôpital fut fondé par Alphonse VIII pour soigner les pèlerins qui réalisaient le Chemin de Saint-Jacques. Il n'en reste cependant pas grand-chose car la plupart de ce que l'on peut voir aujourd'hui appartient aux travaux réalisés au XVIème siècle. La plateresque porte de Romeros (Pèlerins) porte sur l'envers la statue assise de l'apôtre Saint-Jacques et les blasons de Burgos et de Castille et León et, sur le revers une statue assise de la Vierge et les armes de Charles Quint. La porte d'entrée à l'église est aussi très intéressante ainsi que la façade du Fuero Viejo. L'Hôpital du Roi est aujourd'hui le siège de l'Université de Burgos.

EGLISE SANTA MARÍA LA REAL Y ANTIGUA

Ses origines remontent à 1 074, lorsque Alphonse VI décida d'installer l'évêché d'Oca à l'actuel quartier de Gamonal qui était alors une ville indépendante située sur le Chemin de Saint-Jacques, à quelques kilomètres de Burgos. L'église actuelle, gothique, date cependant du XIVème siècle et sa tour massive est du siècle antérieur. Tout le bâtiment transmet une sensation extraordinaire de solidité. Les puissants contreforts qui le soutiennent et le plafond bas de sa seule nef accentuent cette impression. Un portique couvert dont le tympan porte une représentation du Couronnement de la Vierge, permet d'entrer dans un espace diaphane en forme de croix latine et abside carrée.

Chartreuse de Miraflores.

Portique de la Chartreuse.

CHARTREUSE DE MIRAFLORES

A quelques kilomètres de Burgos, après avoir traversé l'agréable Paseo de la Quinta, en allant vers Fuentes Blancas, nous trouvons ce magnifique bâtiment du XVème siècle. Il conserve de nombreux éléments importants. Son histoire commence sous le règne d'Henri III, lorsqu'un palais se dressait ici. Le monarque y venait chasser. En 1 441 il décida de le céder à une communauté de chartreux afin qu'ils fondent un monastère sous le vocable de Saint François d'Assise. Après un incendie qui causa de nombreux dégâts son fils, Jean II, fit construire un nouveau couvent qui serait finalement achevé sous le règne d'Isabelle la Catholique.
Jean de Cologne fut le responsable de cette œuvre monumentale qui fut complétée par des artistes de la taille de son fils Simon, de Gil de Siloé ou de Pedro Berruguete. Les deux premiers furent les auteurs de l'église achevée en 1 484 mais inaugurée seulement quinze ans plus tard, coïncidant avec celle du retable majeur. C'est une église d'une seule nef dans laquelle on entre à travers un sobre portique dont le tympan est décoré par la Piété. Les blasons qui le couronnent correspondent à Jean II et à Isabelle de Portugal. A l'intérieur, notre regard sera tout de suite attiré par la splendide voûte en croisée d'ogive avec ses fines nervures de pierre crêtée. Nous admirerons aussi le chœur des laïques avec ses stalles renaissance magnifiques, œuvre de Simon de bueras en 1 558. Au-delà, le Chœur des Pères Chartreux avec de belles stalles réalisées par Martín Sánchez à la fin du XVème siècle.
Les deux grands attraits de Miraflores se trouvent au chevet de l'église. Il s'agit du sépulcre de Jean II et d'Isabelle de Portugal, parents d'Isabelle la Catholique.

Chartreuse de Miraflores : sépulcre de Jean II et Isabelle de Portugal et sépulcre du prince don Alfonso.

Réalisé en albâtre avec une virtuosité impressionnante par Gil de Siloé entre 1 489 et 1 493, l'ensemble a une force expressive émouvante. La visite à la Chartreuse est intéressante ne serait-ce que pour admirer les vêtements des monarques qui reposent sur une étoile à huit pointes. L'autre point intéressant est le retable majeur, du même artiste. Il le réalisa entre 1 496 et 1 499. On dit qu'il fut polychromé avec une partie de l'or que Colomb rapporta de son second voyage en Amérique.

Gil de Siloé laissa aussi son empreinte dans le sépulcre du prince don Alfonso avec la statue du frère d'Isabelle la Catholique agenouillé, en prière devant l'autel.

L'Annonciation de Berruguete, la statuette baroque de Saint Bruno à la chapelle homonyme, sculptée en bois par le portugais Manuel de Pereira durant le second quart du XVIIème siècle et le triptyque calvaire flamand du XVème siècle sont les autres merveilles qui possède cette Chartreuse.

Retable majeur de la Chartreuse de Miraflores.

Chartreuse de Miraflores : « Annonciation » de Pedro de Berruguete.

Chartreuse de Miraflores : Triptyque-calvaire flamand.

Monastère San Pedro de Cardeña.

MONASTERE SAN PEDRO DE CARDEÑA

Cet ancien monastère bénédictin, fondé en 899 et actuellement occupé par les moines de Cluny se trouve à 10 kilomètres de Burgos. Il fut le témoin silencieux du douloureux départ du Cid vers l'exil. C'est entre ses murs que Doña Jimena, l'épouse du Cid passa la peine de l'exil accompagnée par ses filles. Le couple fut ensuite enterré ici. Il y resta des siècles jusqu'à ce que leurs restes soient transportés à la cathédrale de Burgos. C'est pour cela et pour de nombreuses autres raisons que le Monastère San Pedro de Cardeña est connu sous le nom de « monastère du Cid ».

Son origine remonte à la fin du Xème siècle mais la construction actuelle est surtout le résultat d'un remaniement ambitieux réalisé au XVIIIème siècle. En 953, les troupes de Abd al-Rahman III l'avaient détruit. Il fut donc reconstruit au XIème siècle. C'est de cette époque que date la tour depuis laquelle Doña Jimena scrutait l'horizon en attendant le retour de son époux et l'aile du cloître des Martyrs qui doit son nom au souvenir des moines qui furent décapités par les musulmans au cours de l'assaut de 953. L'église gothique fut érigée au XVème siècle et la chapelle du Cid fut ajoutée au XVIIIème siècle. Elle fut construite pour accueillir l'enterrement du héros burgalais et de sa famille. La Salle Capitulaire abrite divers tableaux de José de Rivera « El Españoleto » et une œuvre de Juan de Juanes.

A l'entrée du monastère, un monolithe évoque l'endroit exact où Babieca fut enterrée. Il s'agit du légendaire cheval du Cid.

Monastère San Pedro de Cardeña : sépulcre primitif du Cid.

Presbytère du monastère. ▷

LA SIERRA DE ATAPUERCA

En 1 992 le nom de la Sierra d'Atapuerca, à 15 Km de Burgos, franchit les frontières d'Espagne lorsqu'on trouva à la Sima de los Huesos deux crânes fossiles les mieux conservés du monde. Quelques années plus tard, Atapuerca fit cinq colonnes à la une avec la découverte à la Gran Dolina d'une centaine de restes humains qui avaient plus de 780 000 ans. Ces trouvailles modifièrent la théorie suivant laquelle les premiers hominidés qui arrivèrent en Europe provenant d'Afrique ne l'avaient fait que 300 000 ans auparavant.

La découverte de fossiles à la Sierra d'Atapuerca ne commença cependant pas à la fin du XXème siècle mais au XIXème. Les travaux de construction des infrastructures du chemin de fer avaient alors mis à jour plusieurs restes qui éveillèrent très vite l'intérêt des scientifiques. Le travail des paléoanthropologues s'intensifia au milieu du siècle dernier et beaucoup plus à partir de 1 976. Ce fut l'année de l'identification de quelques-uns de ces restes comme fossiles humains.

La Sierra d'Atapuerca fut déclarée Patrimoine de l'Humanité par l'UNESCO. Son trésor archéologique et paléontologique est énorme. Ses trois gisements ouverts sont Gran Dolina, Galería et Sima de los Huesos. On y travaille sans relâche pour y trouver de nouveaux témoignages qui aident à éclaircir les étapes de l'évolution humaine.

Atapuerca : gisement La Galera.

Quintanilla de las Villas.

CONTREE DE L'ARLANZA

L'histoire du comté indépendant de Castille commença dans ces terres arrosées par l'Arlanza. Chaque village de la contrée conserve, plus ou moins, l'empreinte de ces années de formation de la nouvelle réalité politique. Le comte Fernán González fut le protagoniste de ce phénomène. Il a laissé aussi de nombreux témoignages de son passage, quelques fois sous la forme de pierres d'autres dans les échos d'une légende. Parmi les pierres, citons les vestiges de l'**abbaye romane San Quirce**, fondée par le noble castillan et consacrée en 1 147. A quelques kilomètres, **Quintanilla de las Villas** se trouve sous la garde de la Peña de Lara et des vestiges de son château. C'est ici que naquit Fernán González au début du Xème siècle. Les vestiges de l'ermitage wisigothique de Santa María Virgen, de la fin du VIIème siècle méritent une visite.

Dans la vallée de l'Arlanza, tout près de la rivière, nous verrons les vestiges de l'**abbaye San Pedro de Arlanza** qui fut, à son époque, le monastère bénédictin le plus important de Castille. Il fut fondé en 912 par Gonzalo Fernández. Son fils, le célèbre Fernán González, y mourut en 970 et fut enterré entre ses murs aux côtés de son épouse, Doña Sancha, suivant leurs désirs. La sécularisation de Mendizábal, au XIXème siècle, plongea l'abbaye dans le chaos et la ruine. Un grand nombre de ses trésors fut distribué dans d'autres bâtiments. En 1 841, les sépulcres du premier comte de la Castille indépendante et de son épouse trouvèrent un nouvel espace dans l'ancienne collégiale de Covarrubias.

A 8 Km de San Pedro de Arlanza et 39 de Burgos, **Covarrubias** doit son origine au fils de Fernán González, le comte García Fernández. En 978, ce dernier décida sa fondation en application de la politique de repeuplement promue par le roi Alphonse

Ermitage gothique Santa María Virgen, à Quintanilla de las Villas.

Vestiges de l'abbaye San Pedro de Arlanza.

Covarrubias : collégiale San Cosme y San Damián et Torreón de Doña Urraca.

III le Grand. Outre une architecture populaire de qualité et un tracé urbain charmant qui rappelle ses racines médiévales, la ville possède aussi des très beaux bâtiments.
L'un d'entre eux est la collégiale San Cosme y San Damián, du Xème siècle mais remaniée au XVème. La construction du presbytère commença en 1 474. C'est ici que gisent à jamais Fernán González et son épouse Sancha. Cette dernière occupe un sépulcre du IVème siècle, provenant de la ville romaine de Clunia, près de Coruña del Conde. Il y a aussi la chapelle des Santos Mártires, attribuée à Jean de Cologne, les sépulcres des trois infantes abbesses qui s'appelaient Urraca, et le cloître du XVIème siècle, un joyau du gothique dans lequel reposent les restes de Christine de Norvège, première épouse de l'infant Philippe, fils de Ferdinand III. N'oublions pas de visiter le musée qui conserve, parmi de nombreux objets, le triptyque de l'Adoration des Rois Mages, réalisé au début du XVIème siècle en style flamand par un artiste anonyme.
Le Torreón de Doña Urraca se trouve devant la collégiale. Il s'agit d'une tour de guet de 22 mètres de hauteur qui fut construite au Xème siècle sur une tour antérieure détruite par les Arabes. L'aspect ténébreux de la tour, logique si on pense au but pour lequel elle fut construite, a fait naître de bien nombreuses légendes. On parle de Doña Urraca qui y fut claquemurée et à qui elle doit son nom. Il s'agirait d'une fille du comte Fernán González qui aurait été mariée avec trois monarques ou de la belle-fille du comte qui devint veuve peu après son mariage. Aucune de ces légendes populaires n'arrive à définir le motif de cette exécution cruelle. La seule chose qui est hors de doute est que la tour est un véritable chef-d'œuvre de l'architecture militaire de l'époque.
L'église Santo Tomás, un autre des joyaux de Covarrubias, n'est pas entourée du même mystère.

Covarrubias : Archives de l'Adelantamiento de Castilla (Gouvernement) et Hôtel de ville.

Bien que son origine soit plus ancienne, la construction actuelle date du XVème siècle. Ses éléments les plus remarquables sont les fonds baptismaux romans du XIIème siècle et deux retable, un plateresque du XVIème siècle et l'autre baroque du XVIIIème.
Les Archives de l'Adelantamiento de Castille (Gouvernement de la province), furent construites en 1 575 pour Philippe II afin de conserver tous les documents et les contrats de cette institution. Un blason de ce monarque couronne la façade. Le bâtiment repose sur un arc ouvert dans la muraille médiévale.
Le palais dans lequel vécut, d'après la légende, le comte Fernán González, devenu Hôtel de ville, le palais de l'évêque Peña, avec ses blasons et ses insignes religieuses ou le transept situé devant les Archives, du XVIème siècle, soulignent le caractère monumental de Covarrubias.
En allant vers Santo Domingo de Silos, **Santibáñez del Val** abrite l'ermitage mozarabe Santa Cecilia. Elle date du Xème siècle et présente une abside carrée. A l'intérieur, un arc de triomphe en fer à cheval et une coupole semi sphérique. L'atrium à cinq arcs fut réalisé, en style roman, au XIIème siècle.
Le nom de **Santo Domingo de Silos**, à 57 Km de Burgos, rappelle les chants grégoriens et les longs et profonds silences qui vivent depuis de longs siècles entre les murs de ce fameux monastère. Il fut fondé au VIIème siècle, en pleine époque wisigothique. A l'origine, il fut dédié à saint Sébastien. Il fut détruit par les Arabes et Fernán González le fit restaurer vers 954. Il souffrit cependant, au cours du XIème siècle, les conséquences des assauts des troupes d'Al-Mansour. A cette époque, en 1 041, Domingo, moine bénédictin, arrive au monastère avec l'intention de le restaurer et de cimenter son prestige spirituel. Il mourut en 1 073 et son immense tâche fut reconnue au XIIIème siècle lorsque son nom fut associé pour toujours au monastère.
La totalité de l'ensemble est d'une beauté incomparable mais c'est au cloître que réside son meilleur attrait. Ce n'est pas en vain qu'on le considère comme l'un des chefs-d'œuvre du roman tardif aussi bien en

Monastère Santo Domingo de Silos : presbytère de l'église et cloître.

Monastère Santo Domingo de Silos : détail des caissons mudéjar et un des chapiteaux.

Pharmacie du Monastère Santo Domingo de Silos.

Monastère Santo Domingo de Silos : chapelle Santo Domingo.

Vue générale de Lerma.

Espagne que dans le reste du monde. Il fut construit entre le XIème et le XIIIème siècle et, chose peu fréquente à l'époque, il a deux étages. Les angles de l'étage inférieur exhibent des bas-reliefs avec des scènes de la vie de Jésus-Christ. Sur le plafond, des caissons mudéjar du XVème siècle représentent des scènes, quelques-unes allégoriques, de la vie au Moyen Age. Mais les plus hauts niveaux de pureté artistique se concentrent dans les chapiteaux des doubles colonnes qui soutiennent les arcs. Personne ne connaît l'identité des tailleurs de pierre car ils furent nombreux à participer à la réalisation du cloître. Ils furent les exposants des mythes et des mystères qui entourent la condition humaine. Des animaux fantastiques et des réels, des plantes et des êtres humains forment l'univers de symboles de thème oriental et califal dans lequel quelques experts ont cru voir la main d'artistes d'origine musulman.

L'église néoclassique du monastère date de la seconde moitié du XVIIIème siècle. Elle fut réalisée par Ventura Rodríguez. Il ne reste que quelques vestiges de l'église romane primitive. Les reliques de Saint Domingo (Dominique) se trouvent dans une urne d'argent, dans la chapelle baroque homonyme. Il y a aussi une curieuse pharmacie fondée en 1 705 et un musée qui conserve de très intéressants manuscrits, des incunables, des chapiteaux wisigothiques et romans, le calice et la patène de Saint Domingo ainsi que plusieurs objets d'origine romain.

A l'ouest de Santo Domingo de Silos, à 36 Km de Burgos, sur une colline, **Lerma** est un véritable recueil de l'architecture espagnole du XVIIème siècle. Ses origines remontent à l'époque des Vaccéens. Elle fut ensuite habitée par les Romains, les Wisigoths et les Musulmans. Mais son époque de prospérité fut celle de Francisco Gómez de Sandoval y Rojas, duc de Lerma et favori du roi Philippe III. Le duc entreprit, au début du XVIIème siècle, un profond remaniement urbain qui commença avec la construction de son propre palais. Vinrent ensuite celle de l'église et plusieurs monastères et s'acheva avec le remaniement de rues, places et du pont qui enjambe l'Arlanza.

Le Palais Ducal est le paradigme de l'ambitieux projet du duc. Il fut construit entre 1 601 et 1 617

Lerma : Palais Ducal et monastère San Blas.

sur les vestiges de l'ancien château de Lerma. Il est aujourd'hui Parador Nacional de Turismo. C'est un bâtiment sobre et élégant, avec quatre grandes tours aux extrémités et une façade présidée par le blason des Sandoval y Rojas. Il se dresse sur la grande Plaza Mayor, place à arcades qui, à son époque et suivant les désirs du duc, se remplit de maisons dans lesquelles habitaient les membres de sa famille. Près du palais et relié à ce dernier par un couloir, le monastère San Blas fut fondé en 1 613 pour abriter une communauté de sœurs dominicaines. On peut y admirer une intéressante collection de tableaux et de sculptures ainsi qu'un retable composé de tableaux du XVIème siècle.
Le monastère de l'Ascención ou couvent de Santa Clara et le couvent Santa Teresa, aujourd'hui siège du gouvernement municipal, se dresse sur la Plaza de Santa Clara qui a un beau balcon couvert d'arcs massifs et depuis lequel on domine de beaux panoramas de la vallée de l'Arlanza. Le premier couvent fut fondé pour les sœurs clarisses en 1 605. Il possède un splendide ensemble de reliquaires du XVIIème siècle et des

Lerma : Plaza de Santa Clara et monastère de l'Ascensión.

Lerma : église collégiale San Pedro.

tableaux de Bartolomé Carducho. Le couvent Santa Teresa, avec une belle façade et un beau cloître, fut occupé par les moines carmélitains en 1 617. Un monument dressé au centre de la place rappelle le populaire curé Merino, prêtre et guérillero né dans un hameau dépendant de Lerma et qui devint célèbre pour ses agissements durant la Guerre de l'Indépendance. Il fut exécuté en 1 852 pour la tentative d'assassinat d'Isabelle II.

Tout près, l'église collégiale San Pedro est un autre des bâtiments emblématiques de Lerma. Il fut construit entre 1 613 et 1 617. Philippe III assista à sa consécration. Elle a trois nefs avec un déambulatoire sans transept. Sa décoration fut riche à la demande du duc de Lerma. Outre le retable majeur et les stalles, baroques, signalons l'orgue, un des plus anciens d'Espagne –il date de 1 616– et plusieurs statues, parmi elles la statue orante de l'archevêque Cristóbal de Rojas Sandoval, réalisée en bronze doré par Juan de Arfe et Fernández del Moral.

L'ermitage de la Piedad, qui était la paroisse de la Lerma médiévale : l'Humilladero del Santo Cristo (Clavaire), du XVIIème siècle, le couvent San Francisco de los Reyes qui fut occupé par des franciscains récollets et le monastère de la Madre de Dios, avec une belle façade et un intéressant retable, complètent la longue liste de bâtiments religieux de la ville.

Les autres remaniements effectués à la demande du duc de Lerma affectèrent le pont médiéval et une ancienne porte de la muraille connue depuis lors sous le nom d'Arc de la Carcel (de la Prison), car il abrita la prison de Lerma.

Lerma : pont médiéval et Arc de la Cárcel.

Parc Naturel Cañón de Rio Lobos, au sud de Salas de los Infantes.

LA HAUTE SIERRA

A l'est de Burgos, les sierras de Neila et de la Demanda forment l'un des espaces naturels les plus intéressants de la province. Ce sont des terres protégées par les hauts sommets et qui donnent naissance à des rivières encore discrètes, où les forêts épaisses de hêtres, de pins ou de chênes, les lagunes aux eaux immobiles comme des miroirs et les chemins que l'homme dessina pour faciliter le passage des troupeaux donnent une touche de mystère et de magie. Ce sont aussi des terres aux maisons en pierre de taille, avec leurs typiques cheminées coniques, aux vertes vallées étroites et aux villages qui rappellent le Moyen Age.

Salas de los Infantes, à 55 Km de Burgos, est le chef-lieu de la contrée montagnarde. Les monuments les plus représentatifs de cette ville fondée au Xème siècle sont l'église Santa María, gothique et l'église Santa Cecilia qui conserve des fonts baptismaux et un portail roman. Tout près de là, **Palacios de la Sierra** conserve l'une des nécropoles du haut Moyen Age qui foisonnent dans la zone. Les plus intéressantes se trouvent cependant à la communauté de Revenga. La première de ces nécropoles est formée par 133 sépultures taillées dans le rocher, près de La Cerca. La seconde se trouve à Cuyacabras, aux alentours de **Quintanar de la Sierra**. Ce village présente aussi de très belles maisons, typiquement montagnardes et un parage dit Peña del Vaso où le temps et la nature ont modelé des formes bizarres sur les rochers de la montagne.

En route vers Neila, le relief du terrain nous annonce la proximité des Lagunas Altas, dans le **Parc Naturel de la Sierra de la Demanda**. Ces petits lacs d'origine glaciale se trouvent à 2 000 mètres

Vue générale de Salas de los Infantes.

Nécropole de Cuyacabras, aux alentours de Quintanar de la Sierra.

Lagunas Altas, Parc Naturel de la Sierra de la Demanda

Neila : palais des Márquez.

d'altitude. Avec la Laguna Negra à la tête, ils forment un authentique paradis naturel d'une beauté émouvante. **Neila** est un intéressant exemplaire de l'architecture traditionnelle. Il faut y ajouter le charme des manoirs. La légende raconte que l'un de ces manoirs, celui des Márquez, fut la résidence et le quartier général du prêtre Merino. L'église San Miguel se trouve au quartier homonyme. Elle a une abside et une tour romane. Neila fut autrefois un important centre de pâturage qui disposait de grands lavoirs de laine.

Au nord, **Barbadillo de Herreros** porte l'empreinte des siècles de prospérité reposant sur la transhumance et les travaux de forge. Les nombreuses maisons blasonnées qui jalonnent les rues du village sont un témoignage de la richesse créée par la première de ces activités. Des familles appartenant à l'Honrado Concejo de la Mesta habitaient la ville. On sait aussi que c'est de ses forges que sortirent

Barbadillo de Herreros.

Ancienne forge.

un bon nombre des épées qu'empoignèrent les courageux chevaliers castillans. Parmi ses monuments, signalons l'église San Sebastián, du XVIIème siècle, avec une merveilleuse statue du saint attribuée à Diego de Siloé.

En suivant le cours du Pedroso nous arriverons à **Vizcaínos**, un nom qui ne laisse aucun doute sur l'origine des premiers habitants. Son église romane du XIIème siècle fut consacrée à saint André. C'est son patrimoine principal. L'église de **Jaramillo de la Fuente** est romane elle aussi, avec une intéressante galerie à arcades et un Calvaire de la fin du XIIIème siècle à l'intérieur.

Près de l'Arlanzón, **Pineda de la Sierra** est un intéressant ensemble urbain avec une station de ski. Un environnement privilégié de forêts de hêtres et de houx caractérise les villages et les hameaux de cette partie de la sierra. Citons **Pradoluengo** et **Fresneda de la Sierra Tirón**.

Pradoluengo.

Hôtel de ville de Briviesca.

LA BUREBA

Témoin principal de la naissance de l'histoire de Castille, la Bureba est une contrée surtout agricole située au nord-est de la province. L'art et la nature se fondent afin d'offrir de très beaux paysages. Avant de pénétrer dans la région, arrêtons-nous au **Monastère de Rodilla** afin de connaître l'ermitage Nuestra Señora del Valle, une construction romane du XIIème siècle qui appartenait au monastère qui donna son nom au village. On devine, au-dessus de l'ermitage, les vestiges d'un château du Xème siècle qui devint, au XIVème siècle, propriété de la maison des Velasco.

Briviesca, chef-lieu de la Bureba, est une élégante ville dont les origines se trouvent près de la colline San Juan. Il y eut ici un village celtibère, de la tribu des Autrigones, que les romains appelèrent Virobesca d'où dérive son nom actuel. Ce fut à un moment donné un important carrefour de voies romaines. Ce ne fut cependant qu'en 1 387 que son nom connut une certaine popularité avec la célébration des Cortes Générales de Castille. Au cours de cette réunion historique, on prit la décision de donner le titre de Prince des Asturies aux héritiers au trône de Castille. Briviesca connut une plus grande prospérité au XVIème siècle, période de construction des nombreuses maisons blasonnées qui jalonnent ses rues.

La structure urbaine de Briviesca est quadrillée et se regroupe autour de la Plaza Mayor, grande et avec des arcades. Elle est présidée par l'Hôtel de ville qui occupe l'ancien manoir des Soto Guzmán. La silhouette de l'église San Martín, avec son portail plateresque, ses sépulcres gothiques et renaissance et son retable baroque, se penche sur la place.

Le couvent Santa Clara abrite celui que l'on considère l'un des retables majeurs les plus importants de la renaissance espagnole. Il est dédié à la Vierge et fut réalisé en noyer par Diego de Guillén qui le commença en 1 550 et par Pedro López de Gámiz. Il est

Brivieska : portail plateresque de l'église San Martín.

Briviesca : Maison des Salamanca et église collégiale Santa María.

Briviesca : couvent Santa Clara, retable majeur et voûte étoilée de la chapelle majeure.

formé par cinq corps qui racontent la vie de la Vierge, de Jésus, des Apôtres et de plusieurs saints. Ce couvent fut construit par Gil de Ontañón et Pedro de Resines au milieu du XVIème siècle. Il possède une magnifique voûte étoilée qui recouvre la chapelle majeure. Près du couvent, l'église collégiale Santa María, gothique, trois nefs et façade renaissance, conserve un magnifique retable dans lequel intervint aussi López de Gámiz.

Le **sanctuaire Santa Casilda** du XVIème siècle, se dresse sur un paysage escarpé, à 10 Km de Briviesca. Il faut ajouter à la valeur artistique de l'ensemble la beauté du paysage. La statue de la titulaire, réalisée par Diego de Siloé, contribue sans aucun doute à sa réputation. Fille du sultan de Tolède, sainte Casilda fut une princesse au grand cœur qui distribuait, en cachette, du pain parmi les prisonniers chrétiens affamés. Un jour son père la surprit et, interrogée sur le contenu de son panier, la jeune fille répondit très fermement qu'elle portait des fleurs. Le père ouvrit le panier et le miracle eut lieu devant les yeux interdit du sultan. Des roses avaient remplacé le pain. Après cet épisode, la princesse abandonna Tolède et vint s'installer dans cette région de Burgos.

A l'ouest de la contrée, **Poza de la Sal** connut aussi une prospérité économique grâce à l'exploitation de ses mines de sel. C'est pour ce motif que la romanisation de la ville fut importante mais c'est cependant au Moyen Age qu'elle connut une époque dorée. Cette période commença avec la construction du château et de la muraille et continua avec la Charte qu'Alphonse VII lui donna en 1 136. Seigneurie des Rojas depuis la fin du XIIIème siècle, Charles Quint donna à Juan de Rojas le titre de marquis de Poza en 1 530.

Malgré le temps passé, Poza de la Sal conserve ce charme particulier des villes médiévales. Trois portes s'ouvrent dans ses vieilles murailles très bien conservées : la Porte Alta, la Porte des Eras et la Porte du Conjuradero qui était la principale. En 1 694 on ajouta à cette dernière un balcon depuis lequel le prêtre conjurait les nuages, d'où son nom. L'Hôtel de ville est un sobre édifice du XVIIIème siècle adossé à la muraille. L'église San Cosme y San Damián, gothique, avec un beau portail baroque, abrite trois magnifiques retables, deux du XVIème siècle, dédiés

Sanctuaire Santa Casilda.

Vue générale de Poza de la Sal.

Poza de la Sal : porte du Conjuradero et église San Cosme y San Damián.

Poza de la Sal : anciennes installations des mines de sel.

Ojeda.

Oña : Plaza Mayor et monastère San Salvador.

à saint André et à la Vierge du Rosaire et le troisième du XVIIIème.
La Casa de Administración de Salinas (Administration des mines de sel) fut construite hors des murailles afin d'administrer les lucratives activités reliées à ce produit. Il existe encore quelques-unes des installations utilisées jusqu'au milieu du siècle dernier pour l'exploitation du sel. Le Château des Rojas est en mauvais état mais permet de contempler des paysages qui compensent l'effort de la montée.
Entre Poza de la Sal et Oña, la **Vallée de Caderechas**, petite et charmante vallée naturelle, est magnifique à l'époque de la floraison. Une visite aux petits hameaux qui s'y trouvent nous permettra de découvrir le charme de son architecture populaire et d'intéressantes constructions telles la Tour de Infanzones, à **Ojeda** ou l'ermitage Santo Angel à **Hozabejas**.
Oña se trouve sur les flancs de la sierra de la Llana. C'est un point important de la contrée. Elle fut connue à partir du XIème siècle avec la fondation du monastère bénédictin San Salvador. Devenue aujourd'hui

centre d'assistance, cette ancienne abbaye fut l'une des plus puissantes de Castille. C'est pour cela que dans son église, dans des sépulcres de bois magnifiquement sculptés par Fray Pedro de Valladolid à la fin du XVème siècle, reposent García Sánchez, dernier comte de Castille, le roi Sanche le Grand de Navarre et le roi Sanche II de Castille. Les comtes de la Bureba sont enterrés dans le cloître, sous des arcs gothiques.

L'ensemble monacal est très grand. Son énorme façade baroque date du XVIIème siècle et fut construite lors d'importants remaniements. Les stalles du chœur, la salle capitulaire qui conserve de véritables chefs-d'œuvre et le cube de l'horloge qui pourrait dater du XIème siècle, sont ses éléments les plus importants.

Oña eut une importante communauté juive. Il nous reste, de son passé médiéval, les vestiges de la muraille, quelques tours et une des portes dite Arc de l'Estrella. L'église gothique San Juan est aussi intéressante. Elle fut construite entre le XIIème et le XVème siècle et remaniée au cours du XVIème.

La Bureba est une contrée aux paysages rocheux, aux petites vallées et nombreuses rivières. Le paradigme de ce paysage est le **défilé de la Horadada** qui va de Oña vers la Sierra de la Tesla, à quelques pas de la confluence de l'Ebre et de l'Oca. A niveau historique, signalons que le défilé de la Horadada fut l'un des passages les plus empruntés par les musulmans au cours de leurs innombrables razzias et incursions estivales des IXème et Xème siècles, lorsque Castille était en train de naître. Les musulmans jugèrent ce fait énormément dangereux et ce fut effectivement Castille qui les expulsa de la péninsule. Les chrétiens guettaient du haut des châteaux qui couronnaient la Sierra de la Tesla l'arrivée des Arabes et préparaient leur défense. Ils le faisaient surtout depuis le château de Tedeja, près de

Frías.

Frías : château et église San Vicente.

Trespaderne et qui est aujourd'hui en processus d'excavation. Ces châteaux furent, en grande mesure, les responsables du nom de « Castilla » qui veut dire « terre de châteaux ».
Un peu plus au nord, **Frías** glisse sur le flanc d'une colline protégée au sommet par un château dont la construction commença au XIIème siècle. L'origine de la ville est cependant antérieur comme le démontre un document de legs de 867 dans lequel apparaît son nom. Lieu de passage pour ceux qui se rendaient de la Bureba au nord de l'Espagne, la ville vécut son époque dorée au Moyen Age.
Le château de Frías, autrefois très puissant, ne conserve que quelques-uns de ses pans de mur avec des fenêtres décorées de chapiteaux romans et l'imposant donjon, visible depuis des kilomètres à la ronde. A l'intérieur de la ville, l'église San Vicente fut à son tour l'église la plus importante des cinq qu'avait la cité. Elle a trois nefs gothiques construites entre le

Frías : Eglise San Vitores.

XIIIème et le XIVème siècle et deux chapelles latérales. La première est dédiée au Christ des Tentations et date du XIVème siècle et la seconde est celle de la Visitation, du XVIème siècle. Son splendide portail roman a été installé au Musée des cloîtres de New York après l'effondrement de la tour, en 1 904. L'église San Vitores date de la même époque. Il n'en reste que le portail et une partie de la structure. Le catalogue monumental de Frías ne serait pas complet sans citer les couvents Santa María del Valdillo, du XIIIème siècle et San Francisco, du XIVème.
Un pont d'origine romain sur lequel on construisit le pont médiéval actuel enjambe la rivière à 1 Km de Frías. La majestueuse tour qui se dresse au milieu du pont date du XIVème siècle. Le pont médiéval de **Tobera**, plus simple mais non moins intéressant, se trouve près des ermitages du Christ et de Nuestra Señora de la Hoz.

Pont médiéval, aux alentours de Frías.

Pancorbo.

MIRANDA DE EBRO ET LE COMTE DE TREVIÑO

Le nord-est de la province de Burgos a traditionnellement été l'axe d'union entre l'intérieur de l'Espagne et la zone du Cantabrique. Chrétiens et Arabes, conscients de sa valeur stratégique, y livrèrent de dures batailles au IXème siècle. Les combats qui se déroulèrent autour du château de **Pancorbo** furent particulièrement violents. Ce château se dresse au sommet de l'impressionnant défilé des Monts Obarenes. En voyant l'étroit passage agreste on comprend les motifs qui ont conduit à considérer le château comme étant la « porte de Castille ». Il n'en reste aujourd'hui que quelques ruines malgré les reconstructions réalisées aux XVIème et XVIIIème siècles. A l'intérieur du village nous visiterons l'église Santiago qui abrite un beau retable renaissance et celle San Nicolás avec sa tour médiévale et sa croix paroissiale gothique. Aux alentours, sur l'une des routes secondaires du Chemin de Saint-Jacques, nous trouverons les ermitages de Cristo del Barrio et de Nuestra Señora del Camino.

Encío est un petit village qui se trouve à la sortie du défilé. Il a une belle église romane de San Cosme et San Damián. Tout près, **Santa Gadea del Cid** est une belle cité médiévale qui était connue, au IXème siècle, sous le nom de Término car elle se trouve entre les royaumes de Castille et de Navarre. Les vestiges d'un château du XIème siècle président ce pittoresque ensemble urbain. On peut encore voir, dans la vieille ville, deux des portes de l'an-

Santa Gadea del Cid.

cienne muraille, l'église gothique San Pedro et, de l'autre côté du ruisseau, l'ermitage Nuestra Señora de las Eras, du XIIème siècle. Le monastère Nuestra Señora de Espino, fondé en 1 410, se trouve près de Santa Gadea.
Sur la route de Miranda de Ebro, le Monument au Berger salue ceux qui se dirigent à **Ameyugo**, un autre village d'origine médiévale avec un beau donjon des Guevara.
Miranda de Ebro, la seconde ville de la province, a toujours été un carrefour de communications. C'est pour cela que son développement économique, qui repose tout d'abord sur le commerce et, avec le temps, sur l'industrie, a toujours été important. Le secret de

Ameyugo : monument au Berger.

Miranda de Ebro : pont Carlos III.

cette prospérité se trouve dans le pont qui relie les deux rives de l'Ebre et qui est un lieu de passage obligatoire pour les personnes et les marchandises qui se dirigent de Castille à la Rioja ou à Alava et vice-versa.

Les origines de Miranda remontent à l'époque des Celtes mais la ville actuelle surgit au XIème siècle avec le repeuplement promu par le comte García Ordóñez et la concession, par Alphonse VI, de sa chartre. Le centre urbain de la ville est formé par deux quartiers. Aquende et Allende, bien délimités par le lit du fleuve. Le premier, le plus ancien, se trouvait sous la protection du château qui se dressait sur la colline de la Picote. Il n'en reste que quelques vestiges. Sur cette rive aussi on peut admirer l'église San Juan Bautista, gothique, du XIVème siècle ; l'église Santa María, du XVIème ; le siège de l'Hôtel de ville qui fut construit par Ventura Rodríguez en 1 778 et plusieurs manoirs du XVIème siècle portant les blasons de ceux qui furent leurs propriétaires.

Hôtel de ville de Miranda de Ebro.

Miranda de Ebro : église San Juan Bautista et détail de l'abside de l'église San Nicolás.

Miranda de Ebro : église Santa María.

La Puebla de Arganzón.

L'église San Nicolás ou de l'Espiritu Santo se trouve au quartier d'Allende. Elle fut construite entre les XIIème et el XIIIème siècles et possède un beau portail à mi chemin entre le roman et le gothique et une abside d'un style que se trouve plutôt dans le roman. Le pont de Carlos III, symbole de la ville, est une construction du XVIIIème siècle qui porte, dans la zone centrale, deux lions avec les blasons du roi et de Miranda de Ebro.

Le Comté de Treviño se trouve au milieu des terres d'Alava. Il est rattaché à la province de Burgos depuis la fin du XIIème siècle, lorsqu'il fut conquit par Alphonse VIII qui l'intégra à la couronne de Castille. Ce fut aussi ce roi qui fonda **La Puebla de Arganzón** et lui donna une chartre vers 1 191. La ville se trouve sur les bords du Zadorra. Elle est traversée par ce qui fut une route secondaire du Chemin de Saint-Jacques qui partait de Vitoria. Son monument le plus important est l'église Nuestra Señora de la Antigua, construite entre le XIVème et le XVème siècle et remaniée ensuite. A l'intérieur nous admirerons l'énorme retable majeur de style renaissance, du XVIème siècle.

Treviño, le chef-lieu, se trouve au centre du Comté. Fondée par Sanche VI de Navarre en 1 151 et incorporée à la Castille en 1 199, la ville se regroupe autour de l'église San Pedro. L'église, construite au XIIIème siècle en style gothique a une tour baroque, un retable churrigueresque du XVIIIème siècle et une statue gothique de Jésus Crucifié. La statue de pierre de la Vierge Blanche occupe l'un des angles extérieurs.

San Vicentejo se trouve à 5 Km de Treviño. C'est ici que se trouve le trésor le plus apprécié du Comté. Il s'agit de l'ermitage roman du XIIème siècle, d'une seule nef, avec une abside magnifique à cinq arcs et des chapiteaux décorés de motifs végétaux. Près de **Laño** nous trouverons l'ensemble de grottes qui fut habité à une époque par des ermites et qui date de l'époque wisigothique.

Treviño.

San Vicentejo : ermitage roman.

Vallée de Valdivieso.

LES MERINDADES ET LA ROUTE DE LA MONTAGNE

Le nord de la province se caractérise par la présence de grandes zones de coteaux ou l'Ebre, le Nela ou le Trueba ont tracé quelques fois de larges vallées évocatrices, et d'autres fois d'étroits défilés. Une partie de ce territoire appartient aux Merindades, nom donné aux divisions politico-administratives créées au Xème siècle, lorsque le *merino* (juge d'un territoire) se chargeait d'administrer la justice par ordre du roi. En 1 560, Philippe II désigna Villarcayo centre judiciaire des Merindades de Castille. Bien qu'avec des connotations différentes, la ville projette encore aujourd'hui son influence sur le reste des contrées du nord.

Villarcayo se trouve à 75 Km de Burgos. Pour s'y rendre, il faut pénétrer dans la **Vallée de Valdivieso**. Limité par les sierras de la Tesla et de Tudanca, ce parage naturel privilégié qui voit descendre les eaux de l'Ebre, offre de très beaux paysages que l'on peut contempler depuis le haut du col de Mazorra. Ce magnifique belvédère nous permet aussi de voir, au loin, les hameaux **Valdenoceda**, avec son église romane du XIIème siècle et la tour médiévale des Velasco, **Quintana de Valdivieso**, protégé depuis des siècles par la tour de Loja, **El Almiñe**, où il y a une intéressante église initialement romane, San Nicolás, ou **San Pedro de Tejada** qui possède, d'après certains, une des églises romanes les plus belles et les mieux conservées de la province.

Après avoir traversé **Bisjueces** où, d'après la tradition agirent les premiers juges de Castille, nous voyons apparaître à l'horizon **Medina de Pomar**, une belle ville pleine d'histoire qui est aujourd'hui un centre estival de première catégorie. Elle fut probablement fondée par les mozarabes au Xème ou au XIème siècle. Elle obtint sa chartre au XIIème siècle et connut un essor économique très rapide grâce aux activités commerciales et artisanes. Sous le gouvernement des Velasco, à qui le roi Henri II avait donné la ville, elle fut chef-lieu des Merindades et connut sa période la plus dorée. L'édifice qui domine le profil de la ville est l'Alcazar que fit construi-

re Pedro Fernández de Velasco au XIVème siècle. Ses tours massives et sobres contrastent avec l'exquise délicatesse de la frise de plâtre mudéjar du premier étage. A ses côtés, l'église de la Santa Cruz, construite entre le XIIIème et le XVème siècle profite des pans de mur de la muraille. Il reste encore quelques vestiges de la muraille, de ses portes et de quelques arcs.
Le couvent Santa Clara est le plus beau monument de Medina. Il fut fondé en 1 313 par Sanche Sánchez de Velasco et devint, avec le temps, le plus puissant de Castille. Nous y verrons la chapelle de la Conception avec sa voûte étoilée, semblable à celle de la chapelle des Connétables de la cathédrale de Burgos et un magnifique retable baroque du XVIème siècle. Œuvre de Philippe de Vigarny. Ce fut l'endroit choisi par la famille Velasco pour recevoir sépulture. Admirons les statues d'albâtre du mausolée d'Iñigo Fernández de Velasco et de son épouse. Le musée du couvent conserve des objets aussi intéressants qu'une splendide peinture sur bois flamande ou un Crucifix de Lépante d'ivoire. L'Hôpital de la

Valdenoceda : donjon des Velasco et église romane San Miguel.

L'Alcazar de Medina de Pomar.

Medina de Pomar. L'Hôtel de ville, sur la Plaza Mayor.

Medina de Pomar : couvent Santa Clara et mausolée d'Iñigo Fernández de Velasco.

Veracruz, du XVème siècle, se trouve à côté de Santa Clara ainsi que l'ermitage roman Santa Lucía ou San Millán, du XIIème siècle.

Villarcayo, chef-lieu des Merindades depuis le XVIème siècle, est aujourd'hui une autre importante ville estivale, jalonnée de manoirs qui nous parlent de son glorieux passé. Son patrimoine monumental n'est pas aussi brillant que ce qu'il devrait être à cause des incendies et des pillages de la Première Guerre Carliste. Son centre d'intérêt est le Musée-monastère Santa María la Real de Vileña qui fut transporté de la Burega après avoir été ravagé par un incendie en 1 970. Parmi ses trésors signalons les sépulcres gothiques de Doña Urraca, fondatrice du monastère et ceux de la famille Rojas, les vestiges des caissons mudéjar et plusieurs documents historiques.

A quelques kilomètres vers l'ouest nous avons l'occasion de contempler une de ces surprises que la nature nous offre de temps en temps. Il s'agit d'un grand rocher que l'érosion provoquée par le Nela a transformé en un pont spectaculaire sur lequel est installé **Puentedey**.

Puentedey.

En allant vers Espinosa de los Monteros, un embranchement nous conduira à **Cueva de Sotoscueva**. A quelques kilomètres de ce village, l'ermitage des saint Tirso et Bernabé fut construit sur l'une des bouches du complexe karstique de « Ojo Guareña », le plus grand en Espagne. Il est vraiment surprenant.

Espinosa de los Monteros est entourée par un très beau paysage montagnard. Il s'agit d'une importante ville commerciale dont les racines remontent au IXème siècle. C'est en 1 066 qu'on lui ajouta le qualificatif « de los Monteros ». Un habitant de la ville découvrit un complot pour assassiner le comte de Castille, Sanche García. Le comte décida alors de créer l'institution de « Los Monteros » à laquelle appartinrent les hidalgos et les habitants d'Espinosa. Parmi ses privilèges et ses honneurs il y avait celui de protéger durant la nuit la chambre des rois de Castille, une tradition qui se conserva jusqu'en 1 931.

Les manoirs sont nombreux dans la ville. Signalons celui du Marquis de Chiloeches, du XVIIème siècle ; celui des Connétables, baroque ; celui des Carillo del Hoyo qui conserve encore des créneaux et des meurtrières du XVème siècle ; ou celui des Monteros où le gothique de la construction primitive cohabite avec les remaniements postérieurs. Quant aux églises, la plus ancienne est celle de San Nicolás qui fut profondément remaniée au XVIIIème siècle. L'église Santa Cecilia, sur la Plaza Mayor, place à arcades, fut construite au XVIème siècle.

Sur l'autre rive du Trueba se dresse le donjon du château des Connétables ou des Velasco, un édifice à la fois sobre et beau construit entre le XIVème et le XVème siècle.

Toute cette zone est riche en vallées, parages naturels de rêve et de vieux chemins sur lesquels on croirait encore entendre le pas des soldats romains. Des lieux comme **Las Machorras**, avec ses typiques cabanes de Pas ou la **Vallée de Mena**, le seul territoire burgalais dont les rivières débouchent sur le

Complexe karstique de « Ojo Guareña » : siphon du Guareña.

Cantabrique, sont pleins de charme qu'il faut aller découvrir. Les petits villages avec une architecture populaire civile ou religieuse foisonnent par ici. **Villasana de Mena** est une synthèse de cette symbiose où, outre le Donjon des Velasco, du XIIIème siècle on peut aussi contempler le relief roman de l'église Nuestra Señora de los Altices et le couvent Santa Ana, de la fin du XVème siècle.
Les premiers repeuplements qui, au début du IXème siècle, commencèrent à former et à ordonner le territoire qui devait devenir la Castille, commencèrent à la Vallée de Mena et à Valdegobía, ville qui se trouve à la frontière avec la province d'Alava. Le monastère de Taranco fut fondé dans la Vallée de

Ermitage des saints Tirso et Bernabé.

Vue générale d'Espinosa de los Monteros.

Espinosa de los Monteros : Maison du Marquis de Chiloeches et château des Velasco.

Maison « pasiega » à Las Machorras.

Vallée de Mena : Relloso.

Vue générale de Sedano.

Mena. Il n'en reste qu'un monument commémoratif sur lequel on écrivit pour la première fois « Castilla ».

VALLEE DE SEDANO ET LAS LORAS

Le paysage du nord-ouest de Burgos est redevable au travail patient que durant des milliers et des milliers d'années l'Ebre et le Rudrón ont effectué. La province de Burgos nous surprend à nouveau avec de beaux recoins naturels avec d'intéressants contrastes. Ces terres sont pleines d'histoire, une histoire que l'on peut lire dans les pierres des villages et l'écho des légendes.

A 47 Km de Burgos, **Sedano** est le chef-lieu de cette vallée homonyme. Le village, caractéristique de cette région du Nord, est présidé par l'église Santa María qui conserve la statue de la Morenita, patronne de Sedano. Ses nombreux manoirs, comme celui des Bustillo, du XVIIème siècle, nous parlent d'un passé riche et glorieux. Près de ce village, à **Moradillo de Sedano**, on peut contempler l'église romane San Esteban et constater les similitudes de son portail avec le fameux portique de la Gloire de la cathédrale de Saint-Jacques-de-Compostelle. L'église romane de **Gredilla de Sedano**, brillant exemplaire de l'art religieux de la fin du XIIème siècle, est peut-être due au même auteur.

Covanera, dans le canyon du Rudrón, est entouré de curieuses formations rocheuses d'origine karstique qui attireront le visiteur. L'environnement de **Valdelateja** est aussi très intéressant. C'est la porte d'entrée au canyon de l'Ebre, l'endroit où se produit la rencontre magique entre ce fleuve et le Rudrón. Ce défilé, qui s'en va vers **Pesquera**, est l'un des parages les plus attrayants de la province. Les origines de Pesquera remontent au IXème siècle. Nous y verrons de nombreux manoirs, l'église San Sebastián et le pont médiéval.

L'architecture récupère la première place à **Escalada** avec des bâtiments tels l'église romane de l'Asunción. Tout à côté, **Orbaneja del Castillo** est une ville plus que pittoresque. Ses maisons sont entourées par une série de rochers aux formes capricieuses, qui semble sortir d'un rêve plus que d'une réalité. On peut encore lire les noms des rues avec des réminiscences mozarabes, comme si cette barrière naturelle aurait été capable de retenir le temps : Almotacén ou Almojahada.

Sedano : maison des Bustillo.

Covanera : el Pozo Azul (Puits bleu).

Valdelateja.

Orbaneja del Castillo.

Villahoz.

DANS LES LANDES DE BURGOS

Les immenses champs de céréales sont les patrons absolus des terres ouest de la province. Là où l'horizon semble se fondre avec l'infini et le paysage devint définitivement castillan, il existe de nombreux villages où l'architecture de briques crues cohabite parfaitement avec de luxueux palais et de grandes églises. Le premier exemple de cette douce cohabitation nous le trouvons à **Villahoz**. Son énorme église de l'Asunción, du XVIème siècle, abrite trois magnifiques retables baroques du XVIIIème. L'église San Miguel, de **Mahamud**, est aussi très grande. C'est ici que Jiménez de Cisneros reçut, en 1 507, le chapeau de cardinal des mains de Ferdinand le Catholique. Construite entre le XIVème et le XVIème siècle, elle conserve d'intéressants retables renaissance, des fonts baptismaux du XIIIème siècle et une chaire mudéjar. La colonne juridictionnelle de la Plaza Mayor témoigne du rôle important que joua Mahamud.

A 3 Km seulement, **Santa María del Campo** connut son époque dorée sous le règne de Philippe le Beau et Doña Juana car ils séjournaient souvent dans ce village. Son nom fait aussi référence à l'église de l'Asunción, un magnifique bâtiment construit entre le XIIIème et le XVIème siècle, avec une belle tour plateresque de Diego de Siloé considérée par quelques experts comme la plus belle de toute la Renaissance espagnole. Ajoutons à cela les stalles du chœur, la chaire mudéjar, les retables, les tapisseries flamandes et les sépulcres. Santa María del Campo conserve encore des pans de son ancienne muraille, trois de ses portes et plusieurs maisons blasonnées.

En suivant le fil de l'histoire, nous savons que c'est à **Los Balbases**, un autre village médiéval, que la reine Doña Berenguela garda les enfants d'Alphonse X le Sage ou que à **Pampliega** mourut le roi détrôné Wamba.

Ces terres ont été traversées depuis des siècles par

Santa María del Campo : église de l'Asunción.

les pèlerins qui réalisent le Chemin de Saint-Jacques. Grand nombre de ces villages se trouvent sur la route jacobéenne et ont profité de cette circonstance pour se développer. **Castrojeriz** est un village d'origine celte qui eut, à un certain moment, sept hôpitaux. C'est le meilleur exemple que nous pouvons donner du passage des pèlerins. Son tracé urbain s'étale des deux côtés de la rue principale ou, ce qui revient au même, tout au long de ce qui est le Chemin de Saint-Jacques. Parmi ses monuments, signalons l'ex-collégiale Santa María del Manzano, du XIIIème siècle, avec une belle statue de la titulaire ; l'église Santo Domingo, du XVIème siècle, avec un important musée ; la tour romane de l'église San Juan ou le couvent que fonda Alphonse X et qui est dédié à sainte Claire.
Villasandino brilla aussi au Moyen Age. Ses deux grandes églises, une consacrée à l'Asunción et l'autre à la Natividad et le pont du XIIIème siècle sur l'Odra sont ses monuments principaux. A quelques kilomètres, la silhouette du château que fit construire la famille des Cartagena au milieu du

Vue générale de Castrojeriz.

Castrojeriz : église San Juan et Maison du Cordón.

Castrojeriz : ex collégiale Santa María del Manzano.

Forteresse de Olmillos de Sasamón.

XVème siècle, nous annonce que nous sommes à **Olmillos de Sasamón**. Outre la forteresse qui conserve en très bon état un grand nombre de ses cubes, ses créneaux et la cour d'armes, visitons l'église paroissiale de l'Asunción avec un retable baroque présidé par une statue de la Vierge du XIVème siècle.

La romanisation arriva aussi et de façon importante dans cette zone de la péninsule. Peu de régions peuvent cependant se vanter d'avoir été l'hôte de César Auguste lui-même. C'est ce qui se passe avec **Sasamón**, l'ancienne Segisama préromaine depuis laquelle le premier empereur romain de l'histoire dirigea les guerres contre les Cantabres et les Asturiens vers l'an 25 av. J.-C. Au Moyen Age, la ville eut aussi un poids spécifique considérable. L'église Santa María la Real le démontre avec ses airs de cathédrale. Construite au XIIIème siècle, elle a cinq nefs et un transept, un très beau portail sur la partie méridionale inspiré par celui du Sarmental de la cathédrale de Burgos. La porte occidentale est plus ancienne, de transition du roman au gothique. La porte San Miguel fut construite au XVIème siècle. A l'intérieur, la statue de l'Archange saint Michel, de Diego de Siloé ; la statue de la titulaire de l'église, du XVème siècle ; les beaux retables du XVIème siècle ou le cloître auquel participa Jean de Cologne. Les vestiges de la muraille médiévale, quelques maisons blasonnées et la Plaza Mayor, de 1 781, complètent le parcours par le patrimoine artistique de Sasamón.

A quelques kilomètres au nord de Sasamón, on aperçoit l'imposant **rocher Amaya**. C'est ici que se trouvait la capitale de la Cantabria que soumit Auguste et qui portait le même nom que le rocher. C'est vers cet endroit que l'empereur romain dirigea ses premières légions. **Amaya** est l'un des endroits les plus denses de l'histoire d'Espagne : outre son passé romain, le roi wisigoth Léovigild en fit la capitale du Duché de Cantabria après avoir

Sasamón : église Santa María la Real et Arc d'entrée à la ville.

Rocher Amaya.

battu les rebelles Cantabres qui avaient séparé leur territoire du reste de l'Espagne après la chute de l'empire romain. Lorsque les musulmans envahirent la Péninsule, en 711, les nobles wisigoths, voyant le danger se rapprocher, s'enfuirent vers Amaya avec tous leurs trésors. Tarik les poursuivit jusque là et après avoir gagné la forteresse, il égorgea les nobles goths et leur vola tous leurs trésors (les wisigoths possédaient beaucoup d'orfèvrerie). Lors du repeuplement mis en marche par Alphonse III en 860 et qui rendit la vie à des villes comme Astorga et León, en Castille ce fut Amaya qui joua un rôle prépondérant dans le processus d'expansion chrétienne. L'endroit n'est aujourd'hui qu'un reflet mélancolique de ce qu'il fut. Quelques pierres ici et là nous rappellent l'importance de son passé.

Villadiego se trouve près de Sasamón. La ville fut fondée par le comte Diego Porcelos vers le IXème siècle. Tous les Espagnols l'on nommée au moins une fois dans leur vie sans jamais y avoir mis les pieds. La raison de ce paradoxe se trouve dans l'expression « tomar las de Villadiego » (prendre la poudre d'Escampette), synonyme de prendre la fuite. D'après les explications les plus vraisemblables, l'origine de l'expression remonterait à la persécution soufferte par les Juifs au XIIIème siècle, un harcèlement duquel était exempte la communauté juive de Villadiego car elle jouissait d'un privilège donné par le roi Ferdinand III. Les Juifs qui voulaient échapper au harcèlement n'avaient qu'à se rendre à la ville ou, « tomar las de Villadiego ».

Mais, proverbes populaires à part, la ville est connue aussi pour ses nombreux monuments. Son centre névralgique est la Plaza Mayor, présidée par la statue de l'historien augustin Enrique Flórez qui naquit ici et fut auteur de l'ouvrage Espagne Sacrée. La place communique avec l'Arc de la Cárcel, une des

Plaza Mayor de Villadiego.

Villadiego : Arc de la Cárcel et église Santa María.

portes de la muraille médiévale qui abrite aujourd'hui un intéressant musée de peinture. Le couvent San Miguel se trouve près de ce musée. Il se trouve sur l'ancienne synagogue juive. Son église, du XVIème siècle, accueille un merveilleux retable du XVIème. Signalons aussi l'église Santa María, du XVIème siècle avec des vestiges du XIIIème ; l'église San Lorenzo, avec portail roman ou le palais des Connétables, du XVIIème siècle.
A la limite avec la province de Palencia, **Melgar de Fernamental** possède aussi des manoirs comme celui des Cordón ou celui des Palazuelos ainsi que l'église de l'Asunción, du XVIème siècle qui abrite une statue gothique de la Vierge et l'Enfant. Nous aurons l'occasion de voir, aux alentours de Melgar, une des grandes œuvres de l'ingéniorat civil du XVIIIème siècle : le canal de Castille dont la construction dura plus de cent ans et qui eut une influence décisive dans le développement commercial de la région.

Villadiego : église San Lorenzo et palais des Connétables.

Hôtel de ville de Melgar de Fernamental.

Canal de Castille.

Vignes à Aranda del Duero.

LA RIBERA DEL DUERO

Parler du sud de la province équivaut à parler de terres à grande personnalité dans lesquelles le Douro et le vin forment un binôme inséparable, plein de saveurs, d'arômes et de couleurs. Les trois quarts des vignes de la Ribera del Duero qui s'étendent dans d'autres provinces castillano-leonaises se trouvent dans la contrée dont le chef-lieu est **Aranda del Duero**. A 80 Km de Burgos, les origines d'Aranda remontent à l'époque préromaine bien que son développement date du Moyen Age. A la fin du XVème siècle, grâce à son soutien à la cause d'Isabelle la Catholique dans sa lutte pour le trône de Castille, la ville jouit de quelques privilèges qui ne tardèrent pas à se manifester dans son patrimoine monumental. C'est au cours de ces années de splendeur que l'on construisit l'admirable portail principal de l'église Santa María, du XVème siècle et de style gothique tardif, érigée sur les vestiges d'une église romane antérieure dont on conserve encore les tours.
Le portail, attribué à Simon de Cologne, est richement décoré. Il a la structure d'un retable avec de nombreux personnages, des scènes de la vie de Jésus et des passages de la Passion. Les blasons des Rois Catholiques et de la ville occupent la zone supérieure. L'intérieur est illuminé par la lumière qui entre par ses trois belles rosaces. Signalons l'escalier du chœur, du XVIème siècle, la chaire et le retable majeur, renaissance et la chapelle des Salazar.
A quelques mètres, l'église gothique San Juan possède un très beau portail du XIVème siècle. Nous y verrons l'admirable chapelle des Calderonas avec un excellent retable plateresque du XVIème siècle. Le palais des Berdugos, du XVème siècle est aussi très intéressant. Aux alentours, les habitants d'Aranda ont un important centre de dévotion. Il s'agit du sanctuaire de leur patronne, la Vierge des Vignes.
Le monastère de Santa María de la Vid se trouve près de **La Vid**. Il fut fondé au XIIème siècle par les partisans de saint Norbert dans un endroit où, d'après la légende, on découvrit la statue de cette Vierge. La salle capitulaire date de l'époque à laquelle on construisit le bâtiment. La façade baroque de l'égli-

Aranda del Duero : portail de l'église Santa María.

se fut achevée en 1 728. La bibliothèque du monastère aujourd'hui occupé par les augustins, conserve de précieux manuscrits parmi ses plus de 40 000 volumes.

A sept kilomètres au nord, la silhouette de **Peñaranda de Duero** nous indique que nous nous trouvons devant l'une des plus belles villes de la contrée. En haut de la colline sur laquelle se dresse la ville, nous apercevons le magnifique donjon du château des Avellaneda. La forteresse que nous voyons aujourd'hui date du XVème siècle bien que ses origines soient antérieures. Peñaranda conserve dans son tracé urbain le souvenir de ce qui fut autrefois une grande ville ducale. On le constate à la Plaza Mayor, où se dresse le palais des Zúñiga y Avellaneda et à l'église ex-collégiale Santa Ana. Le palais, du début du XVIème siècle, possède un magnifique portail plateresque qui nous conduit à une cour élégante à double arcade. Plusieurs salles donnent sur cette cour, quelques-unes avec de magnifiques caissons gothiques, mudéjars et renaissances. L'église, d'autre part, date aussi du XVIème siècle. Il est intéressant d'observer les trois bustes et les colonnes qui proviennent de Clunia, la ville romaine voisine, et qui décorent sa façade baroque. La place, depuis laquelle on devine plusieurs fragments de l'ancienne muraille médiévale, est présidée par une colonne juridictionnelle gothique.

Il y a aussi à Peñaranda la Botica de los Jimeno. Ouverte à la fin du XVIIème siècle, c'est l'une des pharmacies les plus anciennes d'Espagne et elle conserve de nombreux pots, vases, pilons, livres et alambics que les générations successives de Jimeno qui ont travaillé à la pharmacie ont conservés avec grand amour.

Les échos de la prouesse réalisée par un des habitants de **Coruña del Conde** nous sont arrivés depuis la fin du XVIIIème siècle. Diego Marín réussit à voler quelques mètres en se lançant depuis le haut d'une colline avec un grand courage et à l'aide d'un engin plus que rudimentaire. L'autre attrait de la ville est beaucoup plus traditionnel. Il s'agit de l'ermitage de la fin du XIème siècle ou début du XIIème qui conserve plusieurs pierres de taille de Clunia.

Clunia fut, avec ses presque 30 000 habitants, une des villes importantes du nord de la Péninsule. Elle ne fut pas urbanisée après son abandon au IVème siècle. Ceci a permis de mettre à jour des vestiges qui nous parlent de son rôle prépondérant durant la romanisation d'Hispanie. Le général Sertorius prit la place pour affronter Pompée. Celui-ci n'hésita pas à

Aranda del Duero : portail de l'église San Juan et palais des Berdugo.

Peñaranda de Duero : Plaza Mayor et palais des Avellaneda.

Peñaranda de Duero : muraille médiévale.

Clunia : théâtre et mosaïque.

détruire la ville vers l'an 75 av. J.-C. En 68 depuis J.-C. déjà elle vit comment Servius Galba se soulevait contre Néron et s'autoproclamait empereur de Rome. Mais en laissant l'aspect historique de côté, Clunia nous propose aussi les vestiges de son forum, des thermes impériales, du théâtre creusé dans le rocher, un des plus grands de la Péninsule et plusieurs maisons avec des mosaïques.

Notre parcours nous conduira maintenant à **Caleruega**, la ville qui vit naître, en 1 170, saint Dominique de Guzmán, fondateur de l'Ordre des Dominicains et patron de la province. L'église du couvent des Mères Dominicaines se dresse aux côtés du donjon des Guzmán, juste à l'endroit où naquit le saint. Un peu plus à l'ouest, **Gumiel de Izán** revendique sa place sur cette route avec un splendide retable majeur du XVème siècle, anonyme, que l'on peut admirer à l'église paroissiale. La route nous conduit maintenant à **La Aguilera** avec son couvent franciscain Domus Dei dans lequel on vénère les restes de San Pedro Regalado. La chapelle qui conserve les reliques de ce saint de Valladolid garde aussi de beaux retables et plusieurs objets qui appartinrent à la reine Isabelle la Catholique.

A 4 Km seulement, **Gumiel del Mercado** nous propose son aspect médiéval et son église fortifiée San Pedro, du XVème siècle. Nous pourrons aussi y visiter plusieurs chais traditionnels qui nous rappelleront que nous nous trouvons dans une région vitivinicole.

Nous pourrons aussi visiter les chais de **Sotillo de la Ribera**. Sotillo est un village avec de très belles maisons et un magnifique Hôtel de ville, la Maison de la Botica (pharmacie) et la Casa Grande, des XVIIème et XVIIIème siècles ainsi que l'église Santa Agueda avec son émouvant Christ agenouillé sur le globe ter-

Sotillo de la Ribera : Hôtel de ville et Casa Grande.

Roa : pont sur le Duero.

restre et un magnifique enfant Jésus de marbre, œuvre du sculpteur Michelangelo Naccherino.

A 11 Km de Sotillo, **Roa** se penche depuis un rocher sur la vallée du Duero. Son livre d'histoire nous raconte que les Romains construisirent une chaussée qui reliait Clunia à Astorga, que c'est ici que mourut le cardinal Cisneros en 1 517 et que Juan Martín « El Empecinado », héros de la Guerre de l'Indépendance, fut exécuté sur sa Plaza Mayor en 1 825. Visitons la collégiale Santa María, œuvre monumentale du second tiers du XVIème siècle. A l'intérieur, avec trois grandes nefs, on conserve le groupe sculptural de l'Adoration des Rois Mages, de Diego de Siloé. Il faut aussi citer les stalles gothiques du chevet de l'église. Le siège du Conseil Régulateur de l'Appellation contrôlée des vins de la Ribera del Duero se trouve à Roa.

En allant vers Miranda nous traverserons **Haza** qui se trouve sur une colline et nous rappelle, avec les vestiges de son château et de ses murailles, l'époque

Roa : collégiale Santa María.

où elle fut importante pour le repeuplement de la contrée.

GASTRONOMIE

Avec des recettes simples et des produits de première qualité, la cuisine de Burgos s'est créé un nom dans le riche panorama gastronomique espagnol et c'est aussi l'un des grands attraits de cette magnifique province. Le mouton est son plat par excellence. Agneau de lait grillé à feu lent dans un four ou cuit en casserole de terre. Les côtelettes de mouton grillées sont aussi délicieuses ainsi que la « morcilla » (boudin noir) qui est la véritable ambassadrice de Burgos.
Il s'agit d'une cuisine solide et nourrissante qui inclut aussi l' « olla podrida » qui se prépare avec des haricots blancs secs, du chorizo, du lard, des côtelettes de porc et la « morcilla ». Quant aux poissons, les rivières Arlanza, Arlanzon, Pedroso, Oca et Nela fournissent de nombreuses truites, un autres des aliments indispensables dans la cuisine de Burgos. Cuites avec du jambon, au vin blanc ou à la meunière, elles sont toujours délicieuses. Les écrevisses, moins nombreuses qu'autrefois, ont aussi leur place dans cette liste. Les desserts typiques sont le fromage, aussi bien les fromages blancs et frais, les secs et ceux de brebis, les amandes de Briviesca, les « yemas » de Burgos ou les biscuits de Sobadillo.
Et pour arroser tout ces mets délicieux, rien de mieux que l'un de ces vins élaborés avec la garantie de la qualité de l'Appellation Contrôlée Ribera del Duero.

Plats de la gastronomie de Burgos.

Fêtes de San Pedro et San Pablo.

FETES ET TRADITIONS

Burgos est une terre aux traditions ancestrales et variées que les générations successives ont conservées dans le cœur des gens. Quelques fêtes nous rappellent la présence des Arabes comme celle du 8 septembre à Peñaranda de Duero lorsque l'on danse la « Canta la Mora ». Les autres sont plus ludiques, comme celles de Briviesca lorsque, à la fin du pèlerinage au sanctuaire Santa Casilda, les participants essayent de gagner la partie au cours d'un jeu populaire dit « las tabas ». L'origine de la plupart des fêtes est cependant religieuse. Citons les processions de la Semaine Sainte, surtout celle du vendredi, très solennelle ; les processions des Curpillos, le lendemain de la Fête Dieu ou le pèlerinage coloré de San Juan del Monte, à Miranda de Ebro où plusieurs groupes chantent et dansent tout en allant vers l'ermitage.
Les autres fêtes de la province sont la danse de la Rueda Chospona, à Covarrubias avec la participation de tout le village ; la descente de l'Ange, à Aranda de Duero ; la danse guerrière, rite païen, d'Espinosa de los Monteros. Les fêtes de Burgos ont lieu le 29 juin, en honneur de saint Pierre et de saint Paul.

CAMINO DE LAS CORAZAS
CAMINO DE LAS MURALLAS
FRANCISCO DE SALINAS
CAMINO DEL GALLEGO
COLEGIO NTRA. SRA. DE LAS MERCEDES
DELICIAS
COLEGIO LA SALLE
COLEGIO LOS LADILLOS
PETRONILA CASADO
ALFONSO X EL SABIO
PARQUE S. FRANCISCO
CONSULADO
SAN FRANCISCO
AZORIN
JOSE ZORRILLA
ANTONIO VALDES Y BAZAN
VALENTIN JALON
JULIO SAEZ HOYA
REYES CATOLI
Río Ve
ARRABAL S. ESTEBAN
SUBIDA AL ARRABAL
CORRALON TAHONAS
S. MIGUEL
PL. DOCTOR VARA
VENERABLES
SANZ PASTOR
TRINIDAD
Iglesia S. Gil
CORAZAS
Arco de S. Esteban
Castillo
Arco de S. Martín
Seminario y Colegio Mayor San Jerónimo
ALVAREZ FAÑEZ
SAN GIL
PL. ALONSO MARTINEZ
Capitanía General
18 DE JULIO
Turismo
COLEC PARVUL SAGRA CORAZ
PLAZA ESPAÑA
Iglesia de S. Lesmes
HOSP. CIEGOS
AVELLANOS
SAN LORENZO
SANTO CICLES
SALDAÑA
Iglesia de S. Esteban
PLAZA FERNANDO III EL SANTO
FERNAN GONZALEZ
HUERTO DEL REY
Iglesia S. Lorenzo
SANTANDER
HORTELANOS
Casa del Cordón
S. JUAN
Catedral
CARDENAL SEGURA
PJE. FLORA
LAIN CALVO
SAN CARLOS
ALMIRANTE BONIFAZ
MONEDA
PLAZA S. JUAN
SAN LESMES
BENLLOCH
Solar del Cid
ARCO DE FERNAN GONZALEZ
DOÑA JIMENA
CABESTREROS
PALOMA
QUEIPO DE LLANO
PUEBLA
Muse Marcel Sta. M
STA. AGUEDA
PASEO DE LOS CUBOS
EMBAJADORES
PL. DE FELIPE DE ABAJO
Iglesia S. Nicolás
PLAZA MAYOR
Estatua del Cid
PL. LIBERTAD
SOMBRERERIA
TRAV. MERCADO
Diputación
CONDES-TABLES
HEROES ALCAZAR
Insalud
JORDANA
RONDA
Iglesia Sta. Agueda
PL. STA. MARIA
CADENA Y ELETA
Ayuntamiento
PL. DEL MIO CID
Gobierno Civil
NUÑO RASURA
PL. S. FERNANDO
ASUNCION NTRA. SRA.
CORRAL INFANTES
PASEO DEL ESPOLÓN
Teatro Principal
Puente de S. Pablo
PASEO DE LA ISLA
EDUARDO MARTINEZ DEL CAMPO
Palacio Arzobispal
Arco de Sta. María
PASEO DE ANDRES MANJON
CONDE DE VALLELLANO
PL. TER
SAN LUCA
BARRANTES
APARICIO Y RUIZ
BENITO GUTIERREZ
Pal. de Justicia
C.F. ALVAREZ
Casa de Angulo
VALLADOLID
PL. CONDE DE CASTRO
TRINAS
Correos y Telégrafos
Museo de la Evolución Humana
Auditorio
DIVISION AZUL
DONANTES DE SANGRE
RAMON Y CAJAL
COLEGIO JESUS Y MARIA
PLAZA DE CASTILLA
PASEO DE LA ISLA
MERCED
PARRA
Museo de Burgos
PLAZA DE VEGA
CALERA
HOSPITAL MILITAR
Río Arlanzón
PLAZA DR. ALBIÑANA
SAN COSME
Estación de Autobuses
CALATRAVA
MIRANDA
BURGENSE
CONDE DE GUADALHORCE
AV. PALENCIA
PASEO DEL EMPECINADO
CONCEPCION
DEFENSORES DE OVIEDO
SAN PABLO
COL. SAN PABLO
SANTA CLARA
HEROES
SAN JOSE
PADRE
Monasterio de las Huelgas
INST. BACH. CARDENAL L. DE MENDOZA
ARANDA DE DUERO
TINTE
ESC. AZAFATAS
ANDRES MARTINEZ ZATO
CARMEN
COLEGIO SANTA MARIA MICAELA
ESC. PROF. ARAMBURU
GENERAL MOLA
SANTA CLA
SAN JULIAN
STA. CRUZ
COVARRUBIAS
SEMINARIO MENOR DE SAN JOSE
PADRE SILVERIO
BARRIO GIMENO
MADRID
INST. POLIT. DE F. P.
PLAZA DE LA ESTACION
AV. DE VALENCIA DEL CID
COLEG MARI MEDIAD
Estación (RENFE)
ESTACION
MAXIMO NEBREDA
TINA
JUAN DE GARAY
DIVINO VALLES
INFANTES DE LARA
NEVERA
ENCINAS
ROBLES
OLMOS
ACACIAS
PLAZA S. JULIAN
ABETO
ALICANTE
ALBACETE
SANTA DOROTEA
AV. DEL HOSPICIO
ALHONDIGA
PLAZA GUADALAJARA
CALVARIO
Convento de Santa Dorotea
SALAS
AGUIRRE
MIRABUENO
ROMANCERO
C.A. SALVA
CALDERON DE LA BARCA
DR. ZUMEL
N
SAN PEDRO Y SAN FELICES
STA. ANA
PLAZA SAN AGUSTIN
LEGION

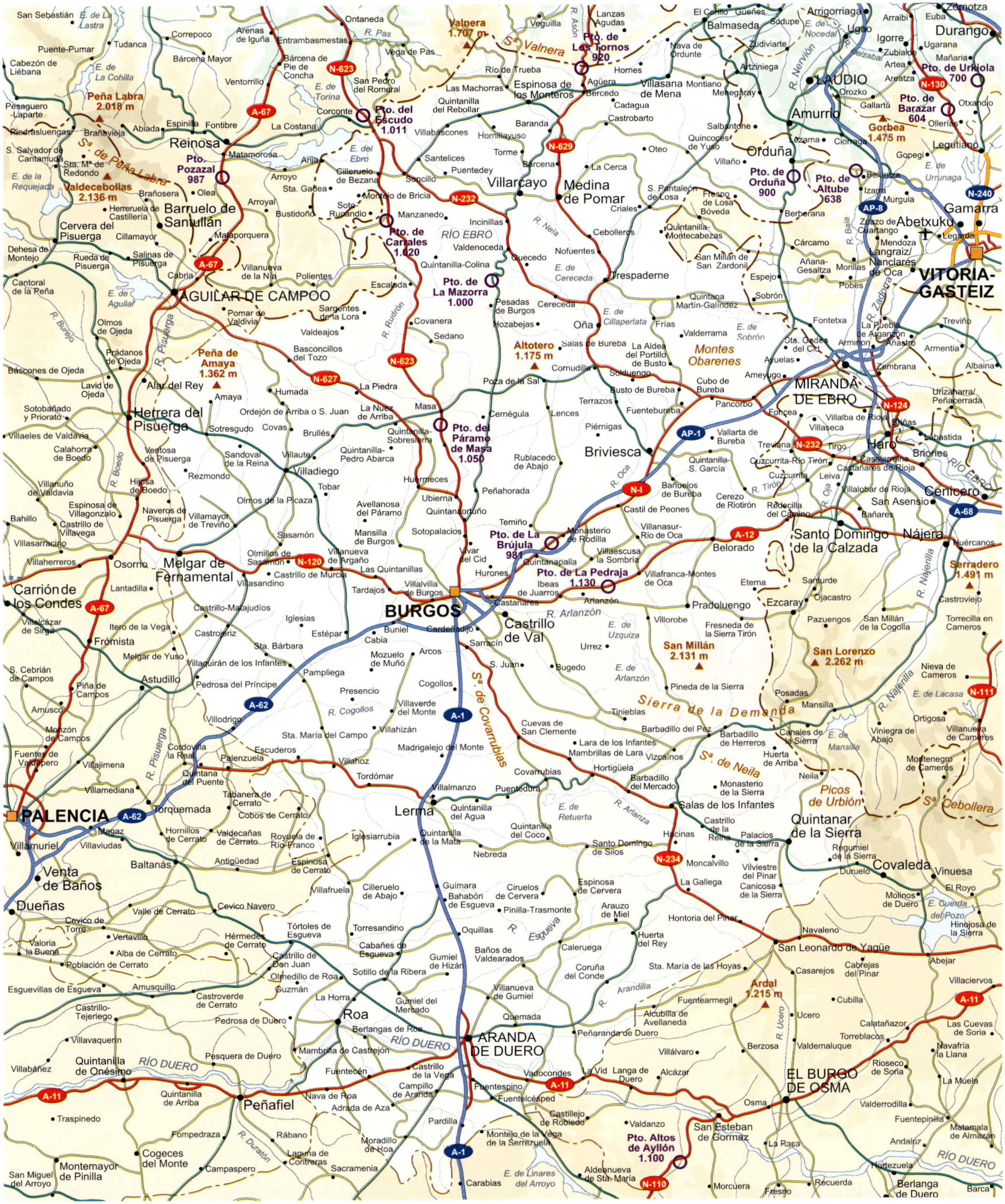
San Sebastián
E. de La Lastra
Tudanca
Correpoco
Arenas de Iguña
Entrambasmestas
Ontaneda
R. Pas
Valnera 1.707 m
Sª Valnera
Veguilla
R. Asón
Lanzas Agudas
Pto. de Los Tornos 920
El Cerillo
Güeñes
Balmaseda
Sodupe
Arrigorriaga
Arraibi
Euba
Zornotza
Durango
Puente-Pumar
Bárcena Mayor
Bárcena de Pie de Concha
Vega de Pas
Nava de Ordunte
Zudiviarte
E. de Nocedal
Ugao
Igorre
Zubialde
Ugarana
Mañaria
Cabezón de Liébana
E. de La Cohilla
Ventorrillo
N-623
San Pedro del Romeral
Río de Trueba
Hornes
Artziniega
R. Nervión
LAUDIO
Aretxabaleta
Pto. de Urkiola 700
E. de La Torina
Las Machorras
Espinosa de los Monteros
Agüera
Bercedo
Villasana de Mena
Montiano
Menegaray
Orozko
Areatza
N-130
Peña Labra 2.018 m
Pesaguero -Laparte
A-67
Corconte
Pto. del Escudo 1.011
Quintanilla del Rebollar
Cadagua
Amurrio
Gallartu
Pto. de Barazar 604
Otxandio
Piedrasluengas
Brañavieja
Abiada
Espinilla
Fontibre
La Costana
Villabáscones
Baranda
Castrobarto
Salbantone
Gorbea 1.475 m
Olleriac
S. Salvador de Cantamuda
Sª de Peña Labra
Reinosa
E. del Ebro
Hornillayuso
N-629
Quincoces de Yuso
Orduña
Lezama
Ciorraga
Legutiano
Sta. Mª de Redondo
Pto. Pozazal 987
Matamorosa
Arija
Santelices
Torme
Oteo
Gopegi
E. de la Requejada
Valdecebollas 2.136 m
Arroyo
Cillerüelo de Bezana
Puentedey
Bárcena
La Cerca
Villaño
Pto. de Orduña 900
Pto. de Altube 638
Beluntza
E. de Urrunaga
Brañosera
Olea
Sta. Gadea
Soncillo
Villarcayo
Medina de Pomar
S. Pantaleón de Losa
Fresno de Losa
Izarra
Murguia
A-240
Herreruela de Castillería
Barruelo de Santullán
Arroyal
Montejo de Bricia
N-232
Criales
Bóveda
AP-8
Gamarra
Cervera del Pisuerga
Bustidoño
Soto-Rucandio
Manzanedo
Incinillas
R. Nela
Berberana
Zuazo de Cuartango
Abetxuku
Matamorosa
Pto. de Carrales 1.020
RÍO EBRO
Cebolleros
Quintanilla-Montecabezas
R. Baia
Mendoza
Legarda
Dehesa de Montejo
Cillamayor
Mataporquera
Valdenoceda
Nofuentes
Cárcamo
Langraiz/Nanclares de Oca
Rueda de Pisuerga
Salinas de Pisuerga
Quintanilla-Colina
Quecedo
San Millán de San Zardonil
Añana-Gesaltza
VITORIA-GASTEIZ
A-67
Villanueva de la Nía
E. de Cereceda
Morillas
Cabria
Polientes
Pto. de La Mazorra 1.000
Trespaderne
Espejo
Pobes
Cantoral de la Peña
E. de Aguilar
AGUILAR DE CAMPOO
Escalada
Pesadas de Burgos
Cereceda
Quintana Martín-Galíndez
Sobrón
R. Zadorra
Sargentes de la Lora
R. Rudrón
E. de Cillaperlata
R. Burejo
Pomar de Valdivia
Covanera
Hozabejas
Oña
Frías
E. de Sobrón
Fontetxa
Treviño
Olmos de Ojeda
Valdeajos
Sedano
Valderrama
La Puebla de Arganzón
Peña de Amaya 1.362 m
Altotero 1.175 m
Salas de Bureba
La Aldea del Portillo de Busto
Montes Obarenes
Sta. Gadea del Cid
Armentia
Prádanos de Ojeda
R. Pisuerga
Basconcillos del Tozo
N-623
Armiñón
Anastro
Báscones de Ojeda
Ayuelas
Albaina
N-627
Cornudilla
Soldueñgo
Ameyugo
Zambrana
Lavid de Ojeda
Alar del Rey
La Piedra
Poza de la Sal
Cubo de Bureba
MIRANDA DE EBRO
Amaya
Humada
Busto de Bureba
Urizaharra/ Peñacerrada
Sotobañado y Priorato
Herrera del Pisuerga
Ordejón de Arriba o S. Juan
La Nuez de Arriba
Masa
Terrazos
Pancorbo
N-124
Cernégula
Lences
Fuentebureba
Foncea
Villalba de Rioja
Sotresgudo
Covas
Quintanilla-Sobresierra
Pto. del Páramo de Masa 1.050
AP-1
Vallarta de Bureba
Villaseca
Villaeles de Valdavia
Brullés
Piérnigas
Labastida
Calahorra de Boedo
Ventosa de Pisuerga
Sandoval de la Reina
Villaute
Quintanilla-Pedro Abarca
Rublacedo de Abajo
Briviesca
Treviana
N-232
Tirgo
Haro
Briones
R. Boedo
Rezmondo
Villadiego
Quintanilla-S. García
Cuzcurrita-Río Tirón
Casalarreina
Castañares de Rioja
RÍO EBRO
Villanuño de Valdavia
Hijosa de Boedo
Tobar
Huérmeces
Peñahorada
R. Oca
Bañuelos de Bureba
Cuzcurrita
Leiva
Villalobar de Rioja
Cenicero
Espinosa de Villagonzalo
Naveros de Pisuerga
Olmos de la Picaza
Avellanosa del Páramo
Ubierna
N-I
Cerezo de Riotirón
R. Tirón
Redecilla del Camino
R. Oja
San Asensio
Bahillo
Villamayor de Treviño
Quintanaortuño
Castil de Peones
Bañares
A-68
Castrillo de Villavega
Mansilla de Burgos
Temiño
Villanasur-Río de Oca
Villasarracino
Sasamón
Sotopalacios
Pto. de La Brújula 981
Monasterio de Rodilla
A-12
Santo Domingo de la Calzada
Nájera
Huércanos
Villaherreros
Olmillos de Sasamón
N-120
Villanueva de Argaño
Vivar del Cid
Quintanapalla
Villaescusa la Sombría
Belorado
Serradero 1.491 m
Osorno
Melgar de Fernamental
Castrillo de Murcia
Las Quintanillas
Hurones
Pto. de La Pedraja 1.130
Villafranca-Montes de Oca
Eterna
R. Najerilla
Carrión de los Condes
Lantadilla
Villasandino
Tardajos
Villalvilla de Burgos
Ibeas de Juarros
Santurde
A-67
Castrillo-Matajudíos
BURGOS
Castañares
Arlanzón
Pradoluengo
Ezcaray
Ojacastro
Castroviejo
Villalcázar de Sirga
Itero de la Vega
Iglesias
Castrojeriz
Estépar
Buniel
Cardeñadijo
Castrillo de Val
R. Arlanzón
E. de Uzquiza
Villorobe
Fresneda de la Sierra Tirón
Pazuengos
San Millán de la Cogolla
Torrecilla en Cameros
Frómista
Cabia
Sarracín
Urrez
San Millán 2.131 m
San Lorenzo 2.262 m
Sta. Bárbara
Melgar de Yuso
Mozuelo de Muñó
Arcos
S. Juan
Bugedo
E. de Arlanzón
Nieva de Cameros
S. Cebrián de Campos
Villaquirán de los Infantes
Astudillo
Pampliega
Cogollos
Sª de Covarrubias
Pineda de la Sierra
Posadas
Piña de Campos
Pedrosa del Príncipe
A-62
Presencio
Villaverde del Monte
Sierra de la Demanda
Mansilla
E. de Lacasa
N-111
Amusco
R. Cogollos
A-1
Tinieblas
Ortigosa
Villodrigo
Villahizán
Cuevas de San Clemente
Barbadillo del Pez
Barbadillo de Herreros
Canales de la Sierra
E. de Mansilla
Viniegra de Abajo
Villanueva de Cameros
Monzón de Campos
Sta. María del Campo
Lara de los Infantes
Fuentes de Valdepero
R. Pisuerga
Cordovilla la Real
Escuderos
Madrigalejo del Monte
Mambrillas de Lara
Vizcaínos
Sª de Neila
Huerta de Arriba
Montenegro de Cameros
Villajimena
Palenzuela
Villahoz
Hortigüela
Neila
Picos de Urbión
Quintana del Puente
Tordómar
Covarrubias
Barbadillo del Mercado
Sª Cebollera
Villamediana
Tabanera de Cerrato
Villalmanzo
Puentedura
E. de Retuerta
R. Arlanza
Monasterio de la Sierra
PALENCIA
A-62
Torquemada
Cobos de Cerrato
Lerma
Quintanilla del Agua
Salas de los Infantes
Castrillo de la Reina
Quintanar de la Sierra
Magaz
Hornillos de Cerrato
Valdecañas de Cerrato
Royuela de Río Franco
Iglesiarrubia
Quintanilla de la Mata
Quintanilla del Coco
Hacinas
Palacios de la Sierra
Villamuriel
Villaviudas
Santo Domingo de Silos
Regumiel de la Sierra
Baltanás
Antigüedad
Nebreda
N-234
Moncalvillo
Vilviestre del Pinar
Duruelo
Covaleda
Vinuesa
Venta de Baños
Espinosa de Cerrato
Villafruela
Cilleruelo de Abajo
Guímara
Bahabón de Esgueva
Ciruelos de Cervera
Espinosa de Cervera
La Gallega
Canicosa de la Sierra
Molinos de Duero
El Royo
E. Cuerda del Pozo
Dueñas
Valle de Cerrato
Cevico Navero
Pinilla-Trasmonte
Arauzo de Miel
Cevico de la Torre
Tórtoles de Esgueva
Torresandino
Oquillas
R. Esgueva
Hontoria del Pinar
Navaleno
Hinojosa de la Sierra
Vertavillo
Valoria la Buena
Alba de Cerrato
Hérmedes de Cerrato
Cabañes de Esgueva
Baños de Valdearados
Caleruega
Huerta del Rey
San Leonardo de Yagüe
Abejar
Población de Cerrato
Castrillo de Don Juan
Gumiel de Hizán
Coruña del Conde
Sta. María de las Hoyas
Casarejos
Cabrejas del Pinar
Esguevillas de Esgueva
Amusquillo
Olmedillo de Roa
Sotillo de la Ribera
R. Arandilla
Ardal 1.215 m
Villaciervos
Castroverde de Cerrato
Guzmán
La Horra
Gumiel del Mercado
Villanueva de Gumiel
Fuentearmegil
Cubilla
A-11
Castrillo-Tejeriego
Pedrosa de Duero
Roa
Quemada
Alcubilla de Avellaneda
R. Ucero
Ucero
Calatañazor
Las Cuevas de Soria
Villavaquerín
Berlangas de Roa
RÍO DUERO
ARANDA DE DUERO
Peñaranda de Duero
Berzosa
Valdemaluque
Torreblacos
Navarría la Llana
Villabáñez
Quintanilla de Onésimo
RÍO DUERO
Pesquera de Duero
Mambrilla de Castrejón
Villálvaro
Fuentecén
Castrillo de la Vega
Vadocondes
La Vid
Langa de Duero
Alcázar
EL BURGO DE OSMA
Rioseco de Soria
La Muela
A-11
Quintanilla de Arriba
Peñafiel
Nava de Roa
Campillo de Aranda
Fuentespino
A-11
Fuentelcésped
Osma
Valderrodilla
Traspinedo
Adrada de Aza
Pardilla
Castillejo de Robledo
Valdanzo
San Esteban de Gormaz
Fuentepinilla
Matamala de Almazán
Fompedraza
R. Duratón
Rábano
Moradillo de Roa
Montejo de la Vega de la Serrezuela
Pto. Altos de Ayllón 1.100
La Rasa
Andaluz
Cogeces del Monte
Laguna de Contreras
A-1
RÍO DUERO
Montemayor de Pinilla
San Miguel del Arroyo
Campaspero
Sacramenia
E. de Linares del Arroyo
Aldeanueva de Sta. María
N-110
Morcuera
Fresno
Recuenda
Hortezuela
Berlanga de Duero
Barca
Carabias

INDEX

EDITORIAL FISA ESCUDO DE ORO, S.A.
Tel: 93 230 86 00
www.eoro.com

I.S.B.N. 978-84-378-2508-3
Imprimé en Espagne
Dépôt Légal B. 1766-2009

Protegemos el bosque; papel procedente de cultivos forestales controlados
Wir schützen den Wald. Papier aus kontrollierten Forsten.
We protect our forests. The paper used comes from controlled forestry plantations
Nous sauvegardons la forêt: papier provenant de cultures forestières controlées